大学

平静水域潜水

● 高峰杉 编著

Calm Waters Dive

大连理工大学出版社

图书在版编目(CIP)数据

平静水域潜水 / 高峰杉编著. -- 大连 : 大连理工大学出版社, 2022.12

大学生运动体验系列教材

ISBN 978-7-5685-2935-8

Ⅰ. ①平… Ⅱ. ①高… Ⅲ. ①潜水运动－高等学校－教材 Ⅳ. ①G861.5

中国版本图书馆 CIP 数据核字(2021)第 018961 号

平静水域潜水

PINGJING SHUIYU QIANSHUI

大连理工大学出版社出版

地址:大连市软件园路80号　　邮政编码:116023

发行:0411-84708842　邮购:0411-84708943　传真:0411-84701466

E-mail:dutp@dutp.cn　　URL:https://www.dutp.cn

大连东晟印刷有限公司印刷　　大连理工大学出版社发行

幅面尺寸:170mm×228mm　　印张:7　　字数:117千字

2022年12月第1版　　2022年12月第1次印刷

责任编辑:邵　婉　朱诗宇　　责任校对:时　雨

封面设计: 波朗

ISBN 978-7-5685-2935-8　　定价:30.00元

大学生运动体验系列教材

编委会

主　审　元文学　李芃松　田爱华　张树山　孟昭莉

主　编　徐　坚　王正树

参编人员（按姓氏笔画排序）：

王晓玲　刘军毅　刘　君　朱振楠　何志强　宋　鸽
张晓萍　张　钰　李　柏　杨雨龙　杨树叶　杨　薇
高峰杉　曹厚文　曹　玲

前 言

根据习近平总书记关于教育、体育的重要论述和全国教育大会精神，以及《深化新时代教育评价改革总体方案》《关于全面加强和改进新时代学校体育工作的意见》等文件，高等教育阶段肩负着加快推进教育现代化、建立教育强国和体育强国的重任。而体育课程是实现立德树人根本任务、提升学生综合素质，实现以体育智、以体育心独特功能，培养德智体美劳全面发展的社会主义建设者和接班人的重要环节。

潜水，以其特有的知识技能和环保理念引导人们探索自然求知创新，保护自然知行合一。高校在具备游泳池馆的条件下，可以通过开设平静水域潜水体验课程为大学生增添水中运动的经历与经验，帮助大学生开拓创新，增进技能，锤炼意志，强健体魄，实现服务社会、勇担重任和享受乐趣、提升自我的学习目标。

本书的编写是以大连理工大学平静水域潜水体验课程为基础，以潜水运动的初学者为对象，紧密结合了潜水运动的知识原理、技能学习与安全实践。书中首先阐述了潜水运动的知识理论及应用、潜水器材装备及使用；随后详细说明了平静水域潜水的技术技巧，在提供开放水域潜水参考知识的同时简要介绍了潜水附属装备与潜水健康及安全。面对五育并举的培养目标，希望本书可以在推广潜水运动，培养大学生养成良好锻炼习惯和健康生活方式，锤炼坚强意志，培养合作精神，增强体质健康水平，保障自身和援助他人水中安全等方面起到积极作用。

本书的编写得到了大连理工大学体育与健康学院和刘长春体育馆的全力支持，在学习参考了本项目国内、国外优秀专家学者的研究成果、先进理念和宝贵实践经验，在众多专家、学者和领导的帮助下获得了丰厚的知识财富，在此向各位师长表示真诚的感谢！特别感谢在本书中参与拍摄和提供视频、图片的于祥琨、朱丽妍、陈军儒、姚远、韩方鑫、李竹恒、秦岚、张宁、孙哲浩、金潇雪等人，感谢Scubapro提供的设备支持，感谢大家为本书的编写付出的努力和辛苦！

由于编者水平有限，书中不足之处仍有待完善，恳请各位读者给予批评指正。

编著者

2022年10月

目录

第一章　导言

亲爱的潜水爱好者，地球表面积约有70.89%被水覆盖，连绵不断的江河湖海孕育着生生不息的文明。中国的海岸线总长大约为3.2万千米，其中大陆海岸线长度大约为1.8万千米，岛屿海岸线长度大约为1.4万千米，这些海岸线分布在14个沿海的省市区里，分别是辽宁省、河北省、天津市、山东省、江苏省、上海市、浙江省、福建省、台湾省、广东省、香港特别行政区、澳门特别行政区、广西壮族自治区和海南省。

“可上九天揽月，可下五洋捉鳖，谈笑凯歌还”的我们依然对未知领域充满着无穷无尽的探索精神，希望本书能为您开启潜入水下环境中进行探秘活动提供帮助。

潜水运动的意义

潜水运动是一项高雅、环保的休闲运动。它利用人类所掌握的物理、生理和地理知识，为人类了解自然、增强体能、休养精神提供了多种多样的方式方法。

随着潜水运动风靡全球，漫步水中世界已不再是一个童话般的心愿，而是一份令人惊喜不已的浪漫，同时，更是人类投入海洋环境保护的重要手段之一。潜水的好处不仅在于水中的奇异世界能给人带来巨大的精神享受，更重要的是能够提高并改善人体的心肺功能。在美国及日本，潜水运动甚至被作为一种治疗癌症的辅助手段：水对人体的均衡压力有助于血液循环。

虽然潜水的基础培训费约为几千元，但后续的器材装备费用与旅费却不是人人都能承担的。一套潜水装备，普通的要几万元，高级的要十几万元。目前，在世界范围内，例如伯利兹、密克罗尼西亚、巴布亚新几内亚、夏威夷、马来群岛、哥斯达黎加、南非、埃及、澳大利亚、新西兰、菲律宾、日本、帕劳、马尔代夫等地都有备受青睐的潜水胜地，到这些地方潜水旅行，对多数中国人而言，还只是一种梦想。所以在中国，潜水运动尚处于开发阶段。

在这个新时代，我们希望走上世界舞台的中国人展现出更加优秀的形象。高校是培养新时代人才的摇篮。充分利用高校的优越条件开展各项体育运动，让新时代人才不仅在科学研究方面成为精英，也在高雅运动领域走在世界的前列。

第二章　什么是潜水运动?

潜水运动是一项极具技巧性和挑战性的水下运动。潜水者通过自我调节体内的压力或使用潜水装置在水下调控浮力，到达预定潜水位置维持中性浮力，或进行运动潜水至一定深度和广度。潜水者不仅需要娴熟的潜水技术，还需要丰富的知识储备，以确保能够安全、顺利地进行潜水运动。

本章介绍了潜水运动的定义、历史、分类以及组织形式，并通过阐述潜水运动的相关常识，帮助学习者了解潜水的基本原理，如浮力与潜水、压力与潜水、平衡压力以及影响潜在水下的时间的因素等，这些内容是本章的重点。

一、潜水运动的定义

潜水原本是为进行水下查勘、打捞、修理和水下工程等作业而在携带或不携带专业工具的情况下进入水面以下的活动。后来潜水逐渐发展成为一项以在水下活动为主要内容，从而达到锻炼身体、休闲娱乐的目的的休闲运动，深受大众喜爱。

二、潜水运动的历史

人体承载氧气的能力有限，若不借助设备，则在水下运动的时间会受限，虽然可以经过训练做到在水下闭气几分钟，甚至可以潜泳上百米的距离，但是，依然不能达到人类探索水下世界的要求。

在借助辅助设备的条件下，由于水的压力影响，潜在水下的人如果仅仅依靠水面上下的管道联通完成呼吸过程，依然不能够到达较深的水下，所以，早在2 800年前，就有了使用羊皮袋充气后潜入水下一定深度，从水底攻击敌人的潜水手段；同时，伴随人类科学技术的进步和认知能力的提升，后续也出现了使用“潜水钟”的潜水设备，并进而演变为以水面加压供气的方式为潜水罩提供空气等潜水方式。

1942年，真正能够让人类个体在水下潜水并自由移动的设备是由法国伟大

知识加油站

肺活量：在最大吸气后尽力呼气的气量。肺活量与最大吸氧量存在很强的相关性。

水肺潜水的核心配备：可以存储和释放气体的高压气体瓶，可供水下呼吸的一套呼吸调节器，可以调整浮力的一套浮力调节设备。

的海洋探险家和发明家雅克•伊夫•库斯托和工程师埃米尔•加尼昂共同发明的“水肺潜水”设备，这项发明利用压力罐储存压缩空气，并使用阀门调节供气，帮助人类在水底停留较长时间，极大地促进了人类对水下世界的了解和探索。这套设备的应用造就了1943年戛纳电影节上的水下电影《18米之下》，从此水肺潜水名扬全球。

三、潜水运动的分类

潜水可以从以下几个方面进行分类：

根据潜水器分：硬式潜水、软式潜水、半闭锁回路送气式潜水、应需送气式潜水、自给气式潜水。

根据潜水方式分：非饱和潜水、饱和潜水。

根据呼吸气体种类分：空气潜水、氮氧混合气体潜水、氦氧混合气体潜水、氢氧混合气体潜水、其他混合气体潜水。

混合气体潜水，又称人工空气潜水，适用于深度更大的潜水作业，是一种常用工程潜水方式。潜水员在水下呼吸的气体是人工配制的混合气体，常见的有氮氧混合气体、氦氧混合气体和氢氧混合气体。

根据潜水活动性质分：专业潜水和

休闲潜水。

专业潜水主要是指水下工程、水下救捞、水下探险等方面的潜水活动，是需要有经验的专业潜水人员进行的潜水活动。休闲潜水是指以水下观光和休闲娱乐为目的的潜水活动，又分为浮潜和水肺潜水（使用气瓶和水下呼吸器进行潜水）。我们平常能接触到的潜水观光就属于休闲潜水，在海滨旅游景区所看到的绝大多数潜水活动都属于休闲潜水。

浮潜是比较简单的，只需利用面镜、呼吸管和蛙鞋就可以漂浮在水面，然后通过面镜观看水下景观。只要通过简单的培训，而不必一定需要取得浮潜证书，即可进行浮潜活动。水肺潜水是带着压缩空气瓶（并非很多人认为的使用氧气瓶），利用水下呼吸器在水下进行呼吸，是真正潜入水底的一种潜水方式。全套水肺潜水装备包括面镜、呼吸管、蛙鞋、呼吸器、潜水仪表、气瓶、浮力调整背心和潜水服等。潜水员在开放水域潜水时，还会携带潜水刀、水下手电乃至鱼枪等必要的辅助装备。

本书着重介绍使用水肺的休闲潜水。

四、潜水运动的组织形式

随着潜水运动日益流行，许多潜水组织应运而生。目前世界上的潜水组织多达几百个，由于经营策略和方法上的不同，其知名度、普及率、国际化等的程度有所差异。以下介绍一些知名的国际潜水组织。

1.休闲潜水组织

BSAC（英国潜水协会）成立于1953年，其教育系统普及地区为英联邦国家、欧洲、东北亚地区。其性质类似财团法人机构，组织经营获得的利润必须用于潜水安全方面的研究与发展，以造福潜水爱好者。BSAC于1954—1955年在英国迅速发展，成为英国水中运动政策指导的权威性组织。它还于1976年建立了“BSAC潜水训练学校系统”，即“BSAC潜水学校”。该潜水学校是独立的商业团体，由BSAC授权进行训练并授予BSAC潜水资格认证。

CMAS（世界水中运动联合会）成立于1958年，其教育系统普及全世界各地区。大部分潜水组织与CMAS交叉认定潜水员资格、等级，小部分潜水组织为CMAS技术委员会会员。CMAS设立了三个委员会：运动委员会负责协调各会员、共同订立钓鱼、蹼泳、水球、水中曲棍球等的国际竞赛规则；技术委员会负责订立标准化的水肺潜水训练规则及国际认证系统，并负责推动、改善与水肺潜水安全性相关的高科技材料与潜水装备的研发；科学委员会提供经费执行潜水科技方面的研究计划。

NAUI（国际潜水教练协会）成立于1960年，其教育系统普及全世界各地区。NAUI由众多会员组成，其会员包括：潜水长、助教、浮潜教练、潜水教练。NAUI代表了“训练品质”“教练能力”“经由教育落实潜水安全”。

PADI（潜水教练专业协会）成立于1966年，其教育系统普及全世界各地区。PADI专注于开发设计水肺潜水训练课程及其训练教材，详细记录并维护每一等级潜水员的资料，期望建立具备全球公信力的潜水员资格认证体系。

ADS（国际潜水学校联盟）成立于1980年，其教育系统普及地区为日本及帕劳之间太平洋岛弧区域。其宗旨为“传授正确的潜水知识、技能和安全潜水的观念”，是一个专门从事潜水教育的组织。

2.技术潜水组织

IANTD（国际氮氧混合气及技术潜水员协会）成立于1985年，其教育系统普及地区为北美、欧洲、非洲和亚洲。IANTD制定了用于高氧空气潜水的高品质教育训练标准和程序规范。1992年IANTD着手编订系统化的技术潜水相关教材，包括各级潜水员训练手册、各式技术潜水参考表格。

PSAI（国际专业水肺潜水协会）最早成立于1987年，其教育系统普及地区为北美地区。PSAI的前身为成立于1987年的PSA（专业水肺潜水系列），于2005年重组为PSAI。它运用源于“空气水肺”技术的深潜知识与经验，制定严密的安全准则，提供适当的技术潜水训练，以最安全的方式延伸休闲潜水员的潜水领域。

ANDI（美洲国际氮氧混合气潜水员组织）成立于1989年，其教育系统普及地区为北美、欧洲、中东和北亚。作为高氧潜水的鼻祖，ANDI从诞生起就专注于高氧空气潜水的培训。它是世界上最早提供高氧混合气体潜水培训的潜水组织，也是最早提出高氧空气调配程序的组织。如今，世界上通用的高氧空气使用标准的制定、完整教学体系的建立和高氧装备维护方法的普及，都要归功于它。ANDI制定呼吸用高氧气体（EANx）的调配程序、检验标准，并注册了“SafeAirTM”商标。依照ANDI规范产出的EANx呼吸用气体就称为“SafeAir”。

TDI（国际技术潜水员组织）成立于1994年，其教育系统普及地区为美洲、欧洲、中亚、北亚和中东地区。TDI核心管理层人员在技术潜水领域的资历超过20年。TDI开发广泛的技术潜水训练课程，运用众多辅助教材，以大众化的价格提供技术潜水领域使用多种呼吸气体的教育训练。

3.中国潜水打捞行业协会

中国潜水打捞行业协会（China Diving & Salvage Contractors Association，CDSA）成立于2008年6月2日，系国家一级社团组织，是全国唯一一家由从事潜水、打捞、救助、海洋及水下工程、船舶及设施建造、潜水打捞装备装具制造、潜水医学保障、海洋海事科研、防污染、教学、培训、保险等相关机构自愿结成的行业性和非营利性社会团体，同时也是国际救助联合会(ISU)和国际海上救助联盟(IMRF)的重要会员。中央和国家机关工委为该协会的党建工作机构，民政部、交通运输部为该协会的管理和业务指导部门。协会下设4个办事处、1个工作联络处、10个专业委员会，宗旨是围绕国家发展大局，引导和规范本行业自律行为，维护本行业及会员合法权益，组织和协调行业内关系，助推和提升本行业整体管理水平和服务能力，发挥政府与企事业之间以及政府与社会之间的桥梁和纽带作用，承担应尽的社会责任和义务。

五、潜水运动的相关常识

1.浮力与潜水

物体浸在液体中所排开液体的重力等于物体浸在液体中受到的浮力。

在潜水运动中，当物体浮出水面时，它具有正浮力；当物体向水下沉去时，它具有负浮力；当物体在水中不上浮也不下沉（悬浮）时，它具有中性浮力。在水下时，维持中性浮力可以帮助我们自由自在地运动。

潜水时，除了呼吸的深浅可以微弱地调节浮力之外，我们主要使用配重带和浮力调节装置（BCD）来控制我们在水中的状态。

2.压力与潜水

压力是垂直作用于流体或固体界面单位面积上的力。

由于人体的大部分都是由平均分配的不可压液体组成的，只有耳朵、鼻窦和肺部是充满空气的，所以我们生活在地平面时，是不会感觉到空气的压力的。然而，身体内的空腔在外界压力改变的时候，也会受到一定的影响。

潜水时，我们的身体不但要承受正常的大气压，还要承受水的重量带来的压力。如何合理地应用并安全地完成潜水运动，需要我们认真地学习并严格遵守潜水规定。

在水面上，大气的压力我们可以看作为1个大气压（atm），也可以视为1巴（bar）[①]（虽然这两个压力计量单位之间有很小的差异，但是在潜水应用中，可以忽略不计）。

在水面下，每10米/33英尺的水深（海水），就会产生1个大气压的压力。也就是说，我们在水下10米/33英尺的水深时，将要承受2个大气压（1个大气压的空气和1个大气压的水压）。以此类推，在水面下20米/66英尺的水深时，将承受3个大气压。

假如是一个装满空气的容器由水面逐渐沉入水面下，随着水深的增加，容器中的空气将逐渐被压缩。10米/33英尺的水深时，体积为原来的1/2；20米/66英尺的水深时，体积为原来的1/3。

知识加油站

大气压力：地球表面有由空气组成的大气层，在大气层中的物体，都要受到空气分子撞击产生的压力。大气压力是大气层中物体受大气层自身重力产生的作用于物体上的压力。在地心引力作用下，越靠近地表，引力越大，空气分子密集程度越高，撞击到物体表面的频率越高，产生的大气压力越大。因此，地球上高度不同的位置大气压力不同，在物理学中，把纬度为45度海平面（即海拔高度为零）上的常年平均大气压力规定为1标准大气压（atm）。此外，空气的温度和湿度对大气压力有影响。

① 1米=3.28英寸；1大气压=1.01巴

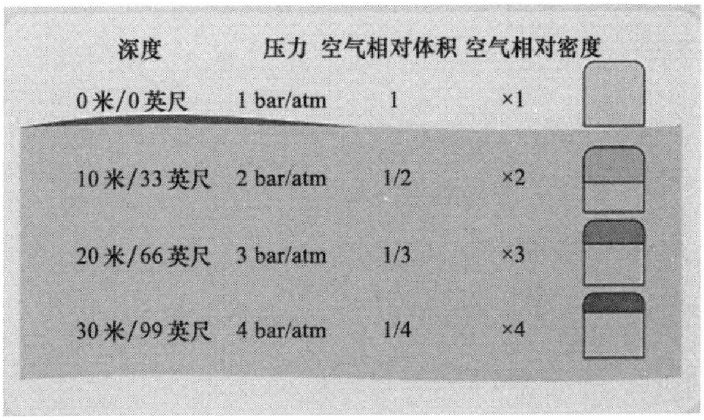

深度	压力	空气相对体积	空气相对密度
0米/0英尺	1 bar/atm	1	×1
10米/33英尺	2 bar/atm	1/2	×2
20米/66英尺	3 bar/atm	1/3	×3
30米/99英尺	4 bar/atm	1/4	×4

在水面下，一定深度的空气的体积会随着深度的减小而膨胀，一直到回到水面时其所受压力恢复为1个大气压。也就是说，20米/66英尺的水深时，1升的空气，当上升到10米/33英尺的水深时，体积会变为原来的1.5倍（1.5升），回到水面上时，体积会变为原来的3倍（3升）。

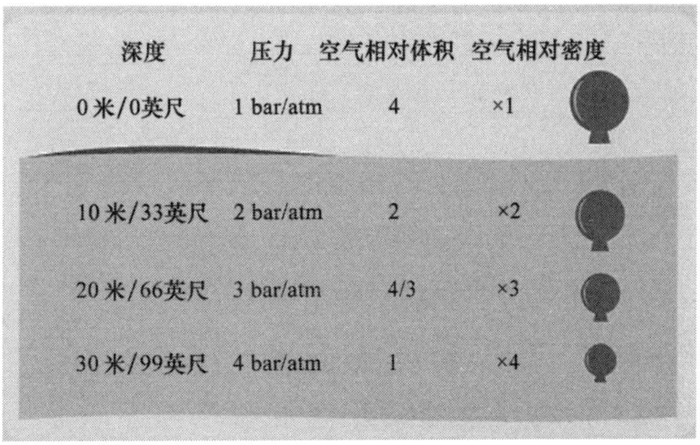

深度	压力	空气相对体积	空气相对密度
0米/0英尺	1 bar/atm	4	×1
10米/33英尺	2 bar/atm	2	×2
20米/66英尺	3 bar/atm	4/3	×3
30米/99英尺	4 bar/atm	1	×4

在潜水时，潜水员身体内的空腔和穿戴在身上的潜水装备所形成的人为空腔会非常明显地受到周围环境的影响。其中受压力影响最大的人为空腔是由面镜与潜水员面部构成的。所以伴随下潜而来的压力增大，潜水员的耳朵、鼻腔和面镜（肺部、牙齿或者体内任何空腔）会感受到压力。这种压力是由体内空腔与外界的压力不平衡所造成的，它会让潜水员感受到不适或疼痛。为了平衡压力，需要在下潜时，不断增加空腔内空

气的量，让它们和外界水压相等。

3.平衡压力

人体的耳朵和鼻腔与喉部相通，潜水时佩戴的面镜是将鼻子罩在其内的，所以我们可以利用肺内的空气来完成平衡。

当你感觉到面镜内的面部和眼部被压紧时，这是由于面镜内部空腔的压力小于外界压力。这种面镜挤压的感觉可以通过鼻子向面镜内呼气平衡压力的方法来解决。

如果你的牙齿曾经有过牙洞，并且在补牙后残留了一定的空腔，那么在潜水时，你可能也会感受到牙齿的不适或疼痛。

耳朵的空腔对压力的增大最为敏感，当外界压力过大时，耳膜会明显感到疼痛。要解决这个问题，一个方法是：捏住鼻子，紧闭嘴巴，轻轻地鼓气做擤鼻涕的动作，将肺内的空气送入到耳朵和鼻腔内。另一个方法是：做吞咽的动作或者左右活动下巴。再者，就是将以上两者结合起来，做吞咽的动作或者左右活动下巴，同时捏住鼻子，紧闭嘴巴，轻轻地鼓气做擤鼻涕的动作，将肺内的空气送入耳朵和鼻腔。

知识加油站

波义耳定律（Boyle's law）：在定量定温下，理想气体的体积与气体的压强成反比。在潜水时，气瓶内的气体会随着下潜的深度增加和压力增加而缩小。

知识加油站

查理定律（Charles's Law）：一定质量、一定体积理想气体的压强与热力学温度成正比。在潜水时，气瓶内的气体压强会随着潜水时周边温度的升高或下降而增大或缩小。

4.影响潜在水下时间的因素

由于不同深度对应不同的压力，因此同一规格水肺潜水气瓶中气体的供应时间有所不同。气瓶储存气体的总质量是有限的，而你在水下吸入的气体的压力是与周围压力相同的，所以下潜得越深，所吸每一口气体的质量就越大，消耗空气的速度就越快。例如：在水下20米/66英尺时，周围的压力是3个大气压，肺内吸入的空气量，就会相当于水面的3倍，也就是说，在这个深度，可以潜水的时间是水面时的1/3。

同时，由于空气的密度增大，我们呼吸时所花费的体力也成倍地增加了。所以在进行潜水活动时，请保持深、满、慢的呼吸，并且尽可能地放松自己，以节省空气。

泳池水底吐气泡圈

课后题

1. 潜水运动根据几种方式分类，分别可以分成哪些类?

2. 本书主要介绍的是哪种潜水运动?

3. 请举例说出几种休闲潜水组织。

4. 潜水时调节浮力的方法有哪些?

5. 在10米的水深时，体积为原来的多少? 在20米的水深时，体积为原来的多少?

6. 潜水的呼吸时间与陆地上的呼吸时间是如何换算的?

7. 简述在潜水过程中如何平衡身体内外的压力。

第三章　如何区分潜水器材并使用潜水装备？

学习潜水课程时，需要用到各式各样的潜水器材，如面镜、呼吸管、蛙鞋、潜水衣、配重系统、浮力调整装置等。本章把每项器材的不同种类一一列举，重点介绍它们的用途及使用方法。另外，器材使用的安全性和使用过后的保养也是必不可少的。

想要真正投身到潜水运动中，我们需要购买自己的潜水装备。潜水装备的款式和性能各有不同，应该购买符合个人习惯和活动性质的潜水装备。本章的内容为大家进行潜水装备的选择提供可靠的指导意见。

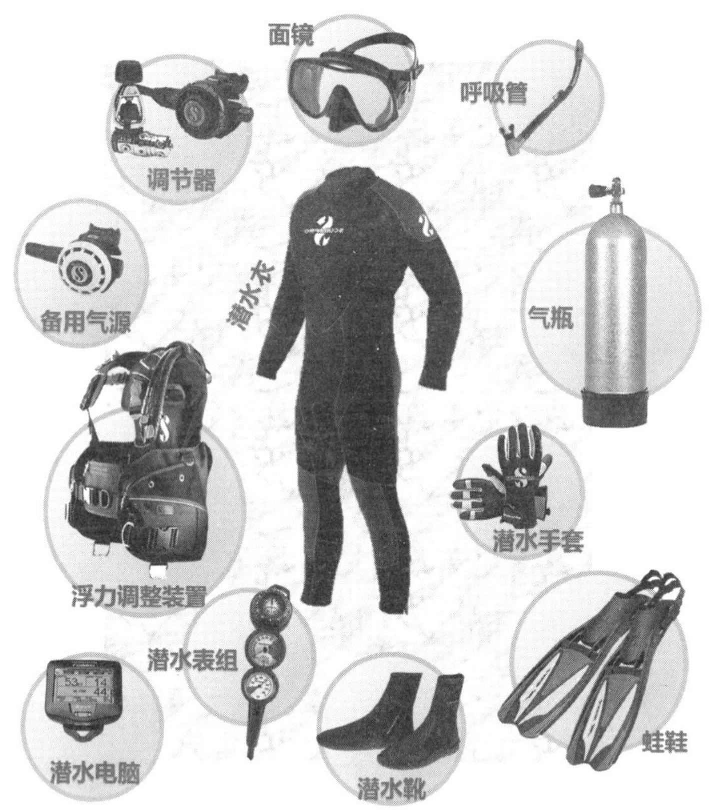

一、面镜

想要清晰地看到水底的世界，就需要佩戴面镜，因为在水下，光线的传播特性与空气中的不同，而人眼睛的聚焦是根据空气中光线传播特性而定的，所以单纯地透过水看物体就会看不清。面镜可以在你的眼前保留空腔，让你的视线清晰。

因为潜水时我们需要通过鼻子来平衡压力，而泳镜没有将鼻子包裹于其中，所以不能使用泳镜。

面镜的种类和样式很多，有单镜片的，有双镜片的，也有带边镜的。一般选择的面镜为贴脸型面镜，其设计特点是：鼻子的部分用软质材料制作，与镜片部分分开，并突出于镜面，使镜片更接近面部，留下较小的空间，形成较广的视野，并且容易做平衡压力的捏鼻子动作。

面镜一般是由硅胶制成的。硅胶通常是半透明的，有时会加入颜料，使它更加美观。

1.水肺潜水面镜的特点

安全的玻璃镜片——在破裂时，不会碎成有高度危险性的细长锋利碎片。

舒适的裙边——紧贴面部，可保证良好的密闭性。

便于捏鼻子——为了方便平衡耳内压力，面镜要有让使用者容易捏鼻子的设计。

贴合脸型——越贴合脸型的面镜，越容易平衡压力和排出面镜内的积水。

宽广的视野——可以通过贴合脸型的面镜或在面镜两侧设置镜片来实现。

有些面镜会设有排水阀。排水阀是一个单向阀，可排出镜内的积水。

知识加油站

潜水面镜在水下的放大作用：在水的折射下，潜水时看到的景物会呈现出大小放大约1/4，距离会约近1/4的效果；所以当潜水者的近视或远视度数较低时，可以不用选择具备矫正视力的潜水面镜。

2.测试面镜是否合适

先将面镜轻轻贴在面部，不必套上面镜的调整带，然后用鼻子吸气。如果面镜适合你的脸型，面镜将会被吸紧并贴合在你的脸上，并且保持到你用鼻子呼气为止。另外，为了确定你能够轻易地从面镜外面捏住你的鼻子，最好试着做一次耳压平衡。

如果你需要配备视力矫正的面镜，请一定在购买时，向商家说明!

3.第一次使用前的准备工作

新的面镜上会有一层保护膜，第一次使用前要将它除掉；否则，潜水时镜片上容易起雾。

4.保养

保养所有的潜水装备，包括面镜，应遵守以下基本程序：

（1）每次使用完需要用清水充分清洗；如果是在海水中使用后，最好用温水浸泡数分钟，以清除盐分。如果无法马上清洗，则要放在水中而不要晾干，因为晾干后很难清除盐分。

（2）保存的时候不要受到阳光的直接照射。因为阳光会破坏硅胶产品，使之过早老化。如果在潜水地点不能避免阳光直射，请用合适的物品遮盖。

（3）储存在阴凉、通风、干燥的地方，避免与由其他相似有机物制成的或者氧化性较强的物品放在一起。

二、呼吸管

虽然水肺潜水员配有气瓶和调解器，但呼吸管也是潜水员的标准配置之一。原因如下：第一，当潜水员在水面休息或游泳，需要在水中向下看找东西时，可以使用呼吸管呼吸，而不必消耗气瓶中的空气；第二，当水面有波浪

知识加油站

如何避免在潜水时因冷凝引起的起雾现象？

我们可以在下水前按照专用的面镜除雾剂的使用说明完成除雾准备或者在下水前使用自己的唾液涂抹在镜片内侧。

知识加油站

如何在潜水时进行水下面镜除雾？

当潜入水下后，如果面镜起雾影响了视线，可以适当掀起面镜的裙边放入少量水，借助水来清理镜片内层的雾，之后仰头向上看，手指按压面镜的上沿，口吸气，鼻呼气，让气体将水从面镜下沿排出。

知识加油站

如何在浮出水面时使用呼吸管？

请参看本书第四章—“三、浮潜运动”—“3.置换式呼吸管排水”。

时，由于呼吸管的高度往往比波浪要高，因此可以尽可能防止溅起的波浪涌进嘴里；第三，当远离船只或岸边后气瓶中的空气消耗殆尽时，呼吸管可以帮助潜水员顺利地游到船上或者岸边，这个过程中脸部可以自然地留在水中，保持身体水平，形成较好的流线型。另外，潜水员在水面时可以通过呼吸管，持续地观察水下环境，因为不必频繁地转头或者抬头换气，所以节约了体力。

水肺潜水用的呼吸管是一种简单的器材，其基本的样式是：一端是咬嘴，可以舒服地用嘴含住；另一端通到水面上。不同类型的呼吸管有不同的特点，以供人们按需选择。

现在的呼吸管大多由硅胶和塑胶组合而成。呼吸管的上半部（管身）通常是半硬的塑胶管，下半部和咬嘴则由硅胶制成。呼吸管颜色众多，可以根据面镜颜色进行搭配。

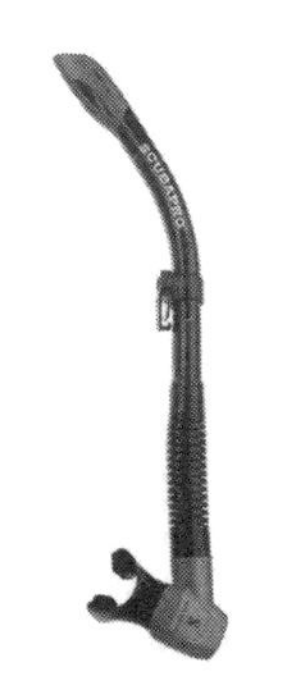

水肺潜水呼吸管

1.水肺潜水呼吸管的特点

水肺潜水呼吸管应该满足潜水员轻松无阻碍呼吸的要求（我们称之为低呼吸阻抗）。呼吸管的呼吸阻抗受它的口径、长度和形状的影响。一个适于水肺潜水呼吸管应该具有以下三个特点：

大口径——这样才可以明显区别于用普通的饮料管呼吸。

长度不要过长——长度太长不但不便于清理，而且会使使用者吸到太多自己吐出的废气。43厘米是比较合适的长度。

管身应该有圆滑过渡——尖角会增大呼吸阻抗。

现在一般流行的呼吸管都依照人体头型设计，可以紧贴头部，减小行进过程中的阻力。

2.测试呼吸管是否合适

测试时，将胶嘴放在嘴唇与牙齿之间，将管身靠在左耳前。咬嘴应该合适舒服，不会造成嘴部擦伤或者下颌疲劳，并且含在嘴里的部分应是平直的。

3.使用前的准备工作

用固定环将呼吸管固定在面镜的左侧。调整呼吸管的位置，使呼吸管的顶端在头顶，咬嘴贴近口部，以张嘴时呼吸管不脱落为宜。

4.保养

像保养面镜一样，清水冲洗后放在通风、阴凉、干燥的地方，与其他橡胶制品隔离。

三、蛙鞋

蛙鞋俗称脚蹼，主要通过增大踢打水的面积来提高腿部划水的效率。

现代蛙鞋有两种基本样式：调整式和套脚式。调整式蛙鞋的脚跟是外露的，脚跟处有调整带。套脚式蛙鞋的套脚洞将脚跟完全包裹，穿起来像胶鞋。大多数水肺潜水员穿的都是调整式蛙鞋，因为它可以套在潜水靴上。大多数高推力蛙鞋都是调整式蛙鞋。在不需要穿潜水靴的情况下可以使用套脚式蛙鞋。

调整式蛙鞋

套脚式蛙鞋

现在大多数蛙鞋都使用复合材料制造：套脚洞及调整带往往使用合成橡胶；蹼的部分则使用韧性更好的塑胶。复合材料制成的蛙鞋相对于其他材料制成的蛙鞋具有质量轻、推力大、色彩多样等优势。

1.水肺潜水蛙鞋的特点

蛙鞋的蹼也是区分蛙鞋的一个要点。蹼的设计特点包括：龙骨，用来增强蹼的硬度和平衡性；排水孔，减小蛙鞋在水流中的阻力，提高效率；导流薄膜，让水平滑地流过蛙鞋，加快速度。

2.测试蛙鞋是否合适

穿潜水靴时，应该保证潜水靴和蛙鞋配合适当；不穿潜水靴时，蛙鞋的套脚洞或者调整带应该在脚踝和脚跟间正合适的位置，无论是大了还是小了都不合适。套脚式蛙鞋应该在打湿之后再试穿，保证感觉不紧不松。

另外值得一提的是，越大、越硬的蛙鞋对力量的要求也越高，选择时需要考虑个人的体力、体型等诸多因素。

注意!

如果你使用的是自己的调整式蛙鞋，可以在调整带上用记号笔标注好最佳调整位置，便于使用。

3.使用前的准备工作

套脚式蛙鞋通常不需要准备工作。调整式蛙鞋则需要将调整带调整到适合的位置，然后固定。注意，新蛙鞋的调整带涂有较滑的保护层，应冲洗干净再做调整。

4.保养

像保养面镜一样，清水冲洗后放在通风、阴凉、干燥的地方，与其他橡胶制品隔离。这里需要特别强调的是：平时需要注意调整式蛙鞋的调整带是否老化，如果老化应及时更换。

紧身衣

四、潜水衣（防寒衣）

几乎所有的潜水活动中，都需要使用潜水衣，其主要作用包括减少热量散失和保护身上不被刮伤、擦伤等。

潜水衣有三种基本样式：紧身衣、湿式潜水衣和干式潜水衣。下面逐个介绍。

紧身衣：由色彩缤纷的莱卡、尼龙或其他类似的材料制成，花纹丰富且色彩鲜艳，版型紧贴身体，与常见的泳装相似。由于它的绝热效果不佳，所以多被用于在热带水域潜水时穿着。穿着紧身衣会使潜水员较容易穿上湿式潜水衣，同时在湿式潜水衣中有额外的保暖作用，所以很多潜水员选择在湿式潜水衣内加穿一套紧身衣。

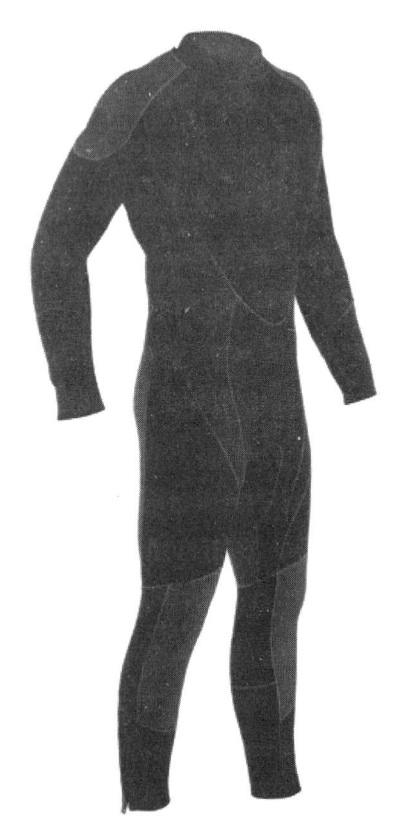

湿式潜水衣

湿式潜水衣：目前最普遍的潜水衣。它有许多不同的剪裁设计和厚度，适用的水温范围一般为10~30 ℃。湿式

知识加油站

一般情况下，湿式潜水衣的厚度与潜水的温度有对应，例如：厚度 1~1.5 毫米对应水温 25~27℃；厚度 2~2.5 毫米对应水温 20~24℃；厚度 3 毫米以上则对应更低的水温（厚度与适应温度在不同产品中存在差异）。

干式潜水衣

潜水衣等于在潜水员的皮肤上盖一层防水的发泡橡胶，减少散热。之所以被叫作湿式潜水衣，就是因为穿着它潜水的时候，水还是会从手腕、脚踝、颈等部位渗入身体和潜水衣之间的缝隙里。但身体会很快把这些水加热。身体产生的热量通过潜水衣和外界以水对流的方式散失，如果湿式潜水衣很合身，这些水就会保留在身体与潜水衣之间而不进进出出，这样体温会降低得很慢。反之，如果湿式潜水衣不是很合身，水就很容易通过缝隙进进出出，将热量带走，体温就会降低得很快。

干式潜水衣：干式潜水衣的材料隔热效果较好，能保持身体干燥，穿着后比较宽松，潜水员可以在穿干式潜衣的里面增加衣服保暖，适合在低于10 ℃的冷水域中使用。穿上干式潜水衣后潜水员需要做空腔平衡。

1.潜水衣的特点

三种潜水衣中，湿式潜水衣具备最多的特征可供选择。这是因为湿式潜水衣适用于各种环境。一般湿式潜水衣的选择包括长度、单件或双件、长袖或短袖、厚度、颜色、护膝或护肘、口袋和拉链的位置等。干式潜水衣也有以上大部分选择特性，同时因为它们都应用于冷水域，所以设计上会包住整个身体。

2.选择潜水衣

选择潜水衣的时候要考虑较多的因素，最主要的是自己穿着是否合身、舒服、保暖以及是否适合当前的潜水环境。对于湿式潜水衣而言，如果不能够买到合身的尺寸，最好定做一套。

湿式潜水衣是由封闭式的发泡橡胶制作的，两侧部分会辅以尼龙或其他材料。发泡橡胶和海绵橡胶不同的是，其气泡之间不相通，因此它既不吸水也不透水。当潜水员穿上湿式潜水衣之后，身体被成千上万的小气泡包围，这会带来相当大的浮力，所以如果没有配重，是很难潜入水下的。与此同时，多气泡形成了隔热层，有助于保持体温。但潜到水下后，水压会将气泡压缩，这样浮力以及隔热层的作用都会有一定程度的衰减。浮力可以通过浮力调整装置（BCD）充气来做调整，而保暖则只能根据目标潜水深度和水温选择厚度合适的潜水衣来实现。

干式潜水衣由多种材料制成。它的防水拉链和颈部与手腕的束口可以防止水进入。相对于湿式潜水衣而言，干式潜水衣可以通过调整潜水衣空腔内气体的量来防止因为潜水深度不同而改变浮力和保温效果带来的影响。当然干式潜水衣也有它不如湿式潜水衣的地方，比如价格昂贵，保养以及每次使用都更费力等。同时，干式潜水衣虽然提供了空腔，但必须根据水温配备内层衣服才会起到保暖作用。

选择一款适合自己经常潜水地方的潜水衣是很重要的。

3.使用前的准备工作

紧身衣和湿式潜水衣没有特别需要准备的。有些干式潜水衣要根据款式做相应的准备。请参考潜水衣附带的使用说明。

知识加油站

如果你是进行重复潜水，在重新穿上湿式潜水衣时可以尝试在水中穿着，将湿式潜水衣中灌满水，借助水的流动快速穿好。

知识加油站

为了让湿式潜水衣穿着时更舒适，当使用完后，应将脱下的湿式潜水衣内侧朝外晾干。

4.保养

一般来说潜水衣有四个保养程序：第一，清洗；第二，内、外都要晾干；第三，存放；第四，定期润滑干式潜水衣的拉链。

存放时，湿式潜水衣要挂在塑料（或木头）衣架上。干式潜水衣则要将拉链朝上叠好，不要在阳光下暴晒。不要长时间或是压紧叠放湿式潜水衣，这样做会损坏发泡橡胶的气泡层，破坏其保温性能。不同的干式潜水衣的具体存放方式见相应的使用说明。

现代湿式潜水衣的拉链不需要特殊保养，只要用完后清洗干净即可。干式潜水衣的拉链需要使用特殊的蜡来保养。潜水衣的轻度修补可以使用专门的黏结剂。

五、配重系统

在了解了潜水衣等装备之后，我们清楚地知道，虽然包括气瓶在内全身装备很重，但潜水员仍然无法顺利潜水。配重系统要抵消掉全身装备以及潜水员在水中的正浮力，注意它并不是为了让潜水员直线下沉。配重系统的另一个作用就是在水下遇到紧急情况的时候，可以通过快速打开快卸扣，丢掉配重系统获得正浮力并迅速上浮。

1.配重系统的特点

配重系统有两种主要样式：配重带和整合式配重系统。二者都需要使用铅块，都有快速拆卸扣。快速拆卸扣是所有配重系统必备的装置，简称快卸扣。这里我们重点介绍配重带式配重系统。

配重带是最常用的配重系统，一般由铅块、快卸扣、防滑卡以及宽约5厘米的尼龙带组成。不同配重带所使用带子的材料或者安装铅块的样式有些区别。也有的使用铅粒代替铅块，放在有特殊间隔的袋子里。为了保护环境，越来越多的人开始使用外包塑胶的环保铅块。

知识加油站

目前，对于休闲潜水，可以购买到的配重块重量分为1千克、2千克、3千克，如果你并不是经常潜水，也可以在潜店租借使用，对应的配重带也可以租借。

快卸扣

2.确定配重系统的参数

第一，确定配重带的长度。配重带穿过快卸扣之后要留有15~20厘米的长度，配重带穿过快卸扣后的盈余部分在佩戴时可以塞到配重带下面。配重带的剪口最好剪成弧形或者斜角，以便于佩戴。为防止剪口编织线松散，可以用火将边缘烧焦。如何确定配重带的长度？要先装好铅块后，将配重带系在腰间，以舒适、方便拆卸为准。

第二，确定所需要铅块的重量。可以按照“10千克体重对应1千克配重”的比例和教练或者潜伴一起做这个测试。带着所有装备和预计的铅块下水。把调节器放在口中，做好随时因为配重过多而急速下沉的准备——打腿和用气瓶呼吸。排掉浮力调整装置中的所有气体，测试配重系统是否达到要求。若下沉少许深度后，仍处于漂浮状态，并且眼睛的位置和水面大致相当，即达标。如果没有达到这个位置，可以由教练或者潜伴帮助自己调整铅块的数量。调整完成后，吐气，开始慢慢下沉。请注意，如果使用的是充满气的气瓶，需多增加一块2千克的铅块，用来平衡气瓶内气体将要用完时减少的重量与原有的浮力。

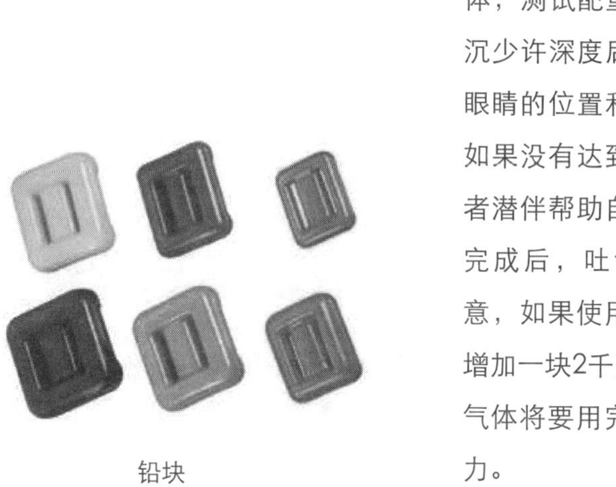

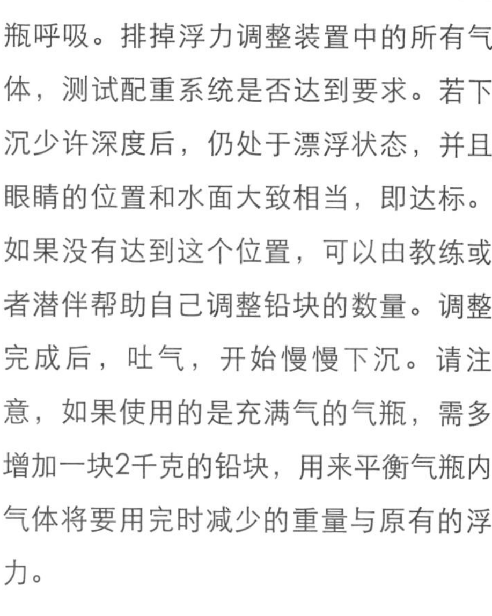

铅块

3.准备工作

确定好参数后要将铅块、防滑卡、快卸扣和配重带装在一起。铅块应当均匀固定在潜水员腰部。防滑卡起到固定铅块的作用，要注意左右平衡。

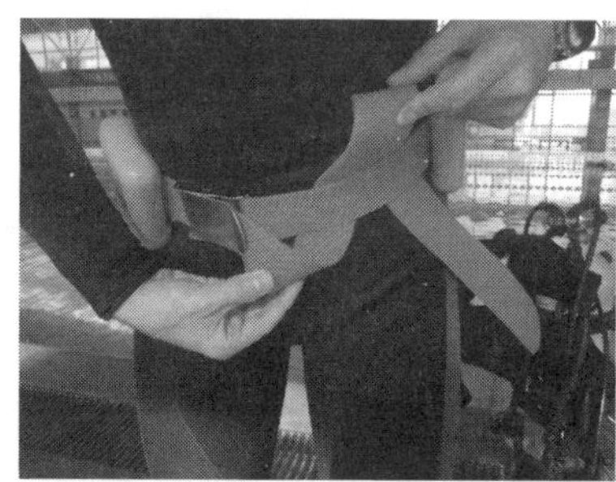

在穿装备的时候千万不要将配重装备和别的装备纠缠在一起，这样会妨碍紧急时刻的拆卸。

4.保养

一般的配重系统保养时只需要清洗干净即可。若是整合式的配重装备，请按照使用说明操作。

注意，配重系统很重，保养时要注意安全。配有配重系统的水肺潜水装备很难在平地上立稳，请平放。

六、浮力调整装置

当潜水员全身装备及身体的浮力之和大于重量之和时，我们称之为正浮力。此时，潜水员可以轻松地浮在水面休息、游泳或者援助他人；反之，则称为负浮力，此时可以快速下沉。二者相等的情况称为中性浮力，一般来说，这个状态占据整个潜水过程的大部分时间。

浮力调整装置（BCD）是一个可以充气的气囊。其体积会根据气囊内气体的多少而发生变化，从而改变潜水员在水中受到的浮力。向这个气囊充气的方法主要有两种：一种是通过嘴利用肺部的气体进行充气；另一种则是通过低压阀利用气瓶的气体进行充气。排气时按下排气按钮，气囊中的气体会因受到水的压力而排出，从而减小浮力。

浮力调整装置有三种基本样式：前胸式、背后固定式、夹克式。

前胸式是最原始的设计样式，穿戴时需要从头部套到脖子上，另外需要两个分开的背架来固定气瓶。

背后固定式主要用于双气瓶潜水，在形式上和当下使用最广泛的夹克式已经极为相像。

夹克式，由于具有固定气瓶的附加功能，并且样式上引入人体工学设计理念，因此基本上是休闲潜水的首选。

现在的浮力调整装置一般都采用单层内胆或者双层内胆设计。单层内胆由

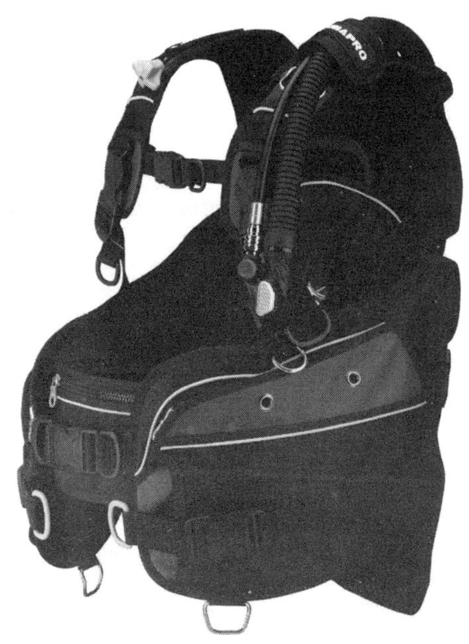

浮力调整装置

防水布制成，同时具有储存空气和防止割破的功能。双层内胆中的内胆由聚亚安酯制成，用以储存空气；外胆用尼龙制成，用以保护内胆。

1.浮力调整装置的特点

无论是哪种样式，浮力调整装置都应该具有以下五个特点：

第一，应该有足够的空气容量，让装备在水面有充足的浮力。

第二，有大口径的充气/排气管，让空气能轻易地快速通过。

第三，装配低压充气系统，可以直接从气瓶充气到BCD。

第四，必须有一个防爆阀，以免不小心充气过多或者在上升的过程中空气膨胀胀破气囊。

第五，应该有足够的空间，使潜水员在潜水的过程中舒适。

2.使用前的准备工作

浮力调整装置要调整到合身为止。太松会影响到自身的平衡和水下的动作，太紧会影响到呼吸。充气后如果感觉不合适应及时调整。

3.保养

像保养面镜一样，使用BCD后应先清洗再放在阴凉处。与其他设备保养不同的是它的内胆和外胆都需要清洗。

内胆清洗时，从低压管灌入1/3左右的水，再充满空气，摇晃它使水充分冲刷内部，倒过来经过充气口排空。上述过程需要反复进行数次。另外，保存的时候，内胆中一定要留有一些气体，而不要全部排出，防止内部粘在一起。

七、气瓶

气瓶是由铝或者钢制成的，这两种材质的气瓶都要满足高压容器安全标准，并通过相应的质量检测。铝制气瓶在潮湿环境具有更强的抗腐蚀性能，因此在热带地区更常见；而钢制气瓶可以在较低压力下和/或较小尺寸情况下，储存与铝制气瓶同样多的气体。

1.气瓶的特点

工作压力和尺寸不同，气瓶容量不同。这个容量通常以气瓶内部的容积来计算，以公制来说，常见的容量有8、10、12和15升。

2.测试气瓶是否合适

选择气瓶的时候，要根据潜水深度、个人体能和力量等确定需要的气瓶容量和气压允许值。瓶口的类型也要和气瓶阀相匹配。

3.使用前的准备工作

将气瓶阀和气瓶组合好以后，在潜水前把气瓶内充入足够量的空气（潜水形式不同，气体的组成会有些差别）。

4.保养

运输途中，为了防止伤害到人或者损坏别的装备，请将气瓶平放，并防止其滚动。

注意：因为气瓶内的低气压会导致潮湿的气体侵入瓶内，而这将造成气瓶内壁因腐蚀而过早老化，所以，在不使用时要关闭气瓶阀。充入的气体必须是空气，不可以是纯氧气。充气时应当将气瓶放入冷却水中，避免充气过程中气体过热导致气瓶爆炸。气瓶内气体的压力不能高于气瓶允许的最大安全阈值。

知识加油站

合格的气瓶上都在颈部标注了可以容纳气体的容量和可以承受的压力，例如一个12升的气瓶最大充气压力是200巴，标注为“12 litre 200 bar”。

大多气瓶底部会有保护气瓶的橡胶或塑胶，需定期拆下来检查底部是否生锈。要定期（一般是一年一次）到合格的潜水气瓶服务中心做气瓶内部检测，检查通过后气瓶会被贴上合格标签并标注检测日期。同时需要定期做气瓶的压力承受能力检测（一般是五年一次）。压力承受能力检测机构也会给检测合格的气瓶打上合格标签。

使用完后，用清水冲洗并存放在阴凉、通风、干燥的地方。气瓶内储存的气压应保持在10~20 bar。如果超过6

个月不用，则应该在再次使用前重新充气。

八、气瓶阀

气瓶阀控制气瓶内空气的进出。几乎所有的气瓶阀都是镀铬的铜制品。早期的气瓶阀可以分为两种：K型气瓶阀，只有一个简单的开关活门；J型气瓶阀，内有一个弹簧做的自动关闭活门。瓶内的压力使活门保持开启状态。但当瓶内的气压降到20~40 bar后，弹簧会将活门关上，使呼吸阻抗增大并发出压力过低的信号。但是这已经是20世纪60年代的主流装备了，当今最可靠、最直观的了解气瓶气压的方法莫过于使用压力表。现代气瓶阀主要是K型气瓶阀，可以分为YOKE气瓶阀和DIN气瓶阀，YOKE气瓶阀使用相对广泛，而DIN气瓶阀则可以提供相对较高的气压。YOKE气瓶阀只要安装到气瓶上即可，使用起来相对简便。

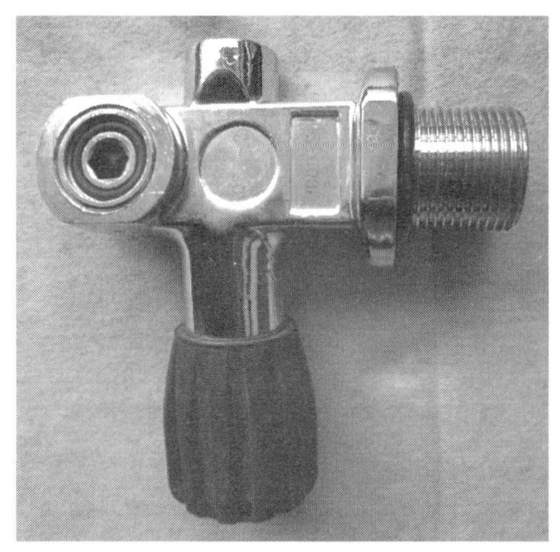

K型气瓶阀

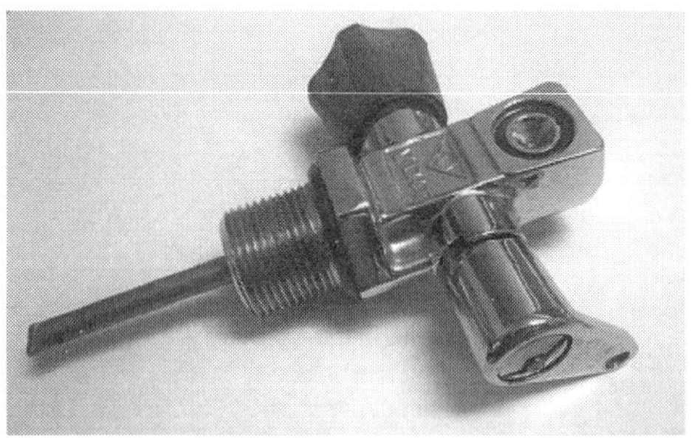

J型气瓶阀

1.气瓶阀的特点

第一，所有连接调节器的气瓶阀都有一个密封空气的气密垫圈，潜水前一定要检查。

第二，配备有防爆垫。当气瓶内充气过多或者受热使得瓶内气压高出气瓶能够承受的最大气压时，气瓶就会爆炸。防爆垫的破裂气压小于气瓶能够承受的最大气

调节器一级头与YOKE气瓶阀

压，所以会在瓶内气压超出气瓶承受极限之前破裂，放出多余气体。

2.测试气瓶阀是否合适

气瓶阀是调节器和气瓶之间的枢纽，挑选气瓶阀的时候要考虑它与调节器以及气瓶的接口是否匹配。同时要考虑气瓶的最大压力限制，为气瓶阀配备相应的防爆垫。

调节器一级头与 DIN气瓶阀

3.使用前的准备工作

保持气瓶阀与调节器的接口处干燥，并确定气密垫圈是完好的。

4.保养

气瓶阀的保养需要清洗和避光保存。

同时，气瓶阀应当开关自如，当出现问题时，要到专业维修的地方处理。请不要将它拧得太紧，防止伤害到高压垫片。

九、背架

背架的设计是为了稳固背负气瓶。背架在设计上有很多种形式，以使用简单、坚固为原则。普通背架上有一对肩带和一条腰带。如今，浮力调整背心均设计有固定气瓶的装置或与背架组合成一体，在大多数情况下不再单独使用背架。

在背架一侧的肩带上装有快卸扣，该快卸扣与腰带的快卸扣一样，都是为了在紧急时可以简单快速地卸开。背架与气瓶要能简单方便地交换装卸。

背架在使用后一定要用清水洗净，检查金属配件是否有松动。气瓶横放时，背架一定要放在横放着的气瓶的下方；不使用时，要把肩带及腰带捆在气瓶上。

十、调节器

调节器可以将水肺气瓶内的气压调整到与周围水压相等，调整后的呼吸气体才能为潜水员所用。调节器的设计结构可保证只在潜水员吸气的时候向外供气。

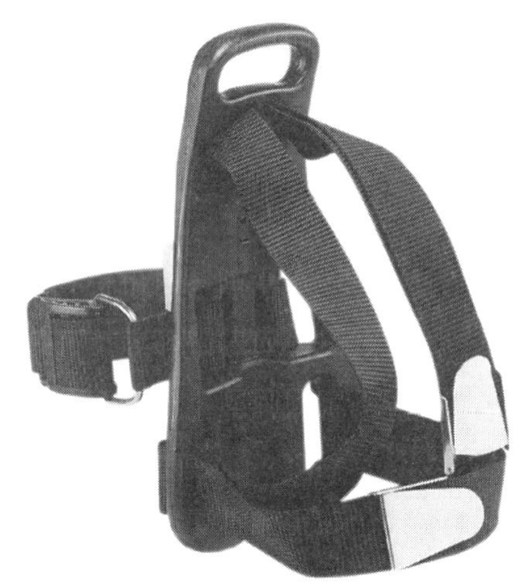

背架

几乎所有品牌的调节器采用的材料和结构都非常相近。其中，一级头一般是由铜制成的，外层镀铬，也有钛制品。二级头可由铜、高强度塑胶或者二者结合而成。其他部分一般是用橡胶或者硅胶制成的。

1.调节器的使用原理

现代的调节器一般由两部分组成：与气瓶阀结合的为一级头，咬嘴一侧为二级头。一级头将高压空气降压到比四周水压高7~10 bar的中等压力；二级头再将中等压力降至与周围水压相等，使潜水员能舒适地呼吸。二级头又有主、

调节器

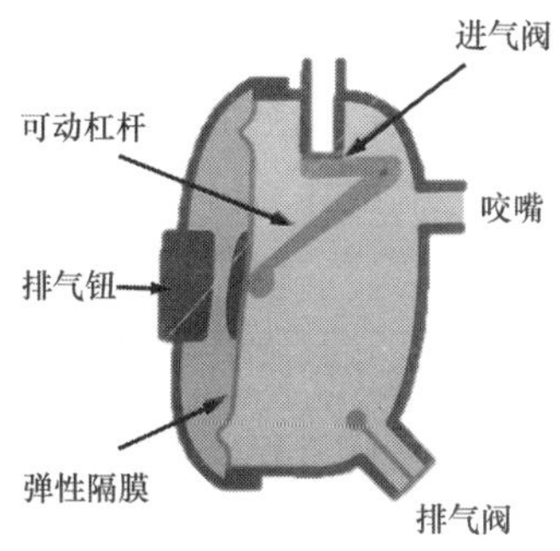

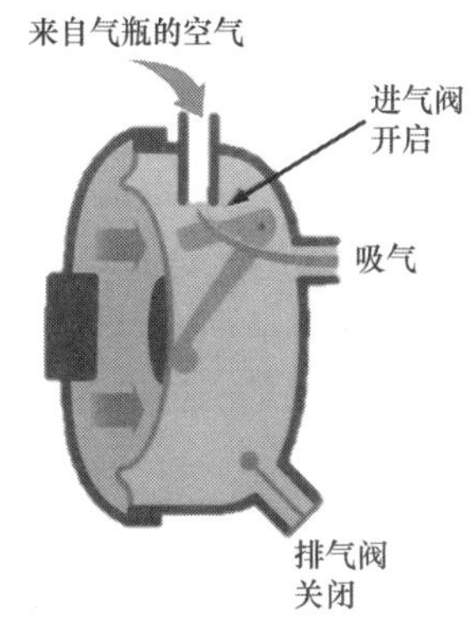

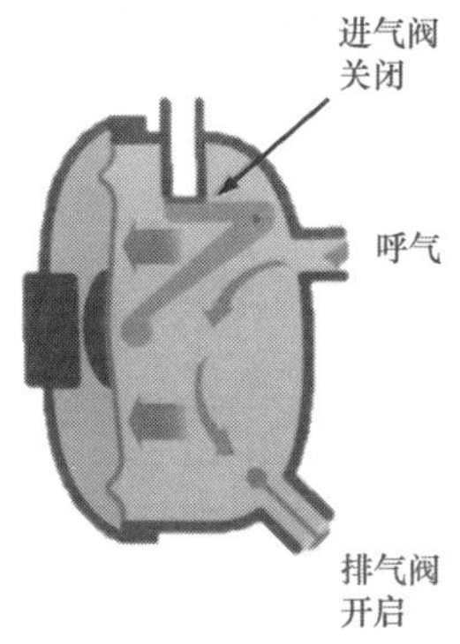

二级头

备之分，但结构相同。

主二级头基本上可以看作一个覆盖着弹性隔膜（通常是一片硅胶）的杯状空间，其上设有一个进气阀、一个咬嘴和一个排气阀。当潜水员吸气时，隔膜向内由杠杆打开气门，使气体进到口中；吐气时，隔膜向外关闭气门。按下排气按钮的时候，空气也会流出。不吐气的时候，气门也保持关闭的状态。备二级头作为备用气源。它的颜色会和主二级头有明显的不同，且连接它的气管较长。另外，调节器上一般会连接压力表和低压充气管。压力表也可能集成在潜水电子表中，用来显示潜水员气瓶内的气压和气量。低压充气管从一级头接出，连接到浮力调整装置上，用来给它充气。

2.选择合适的调节器

选择一个让自己呼吸顺畅、舒适的调节器，需要考虑调节器的空气流量、呼吸阻抗以及与气瓶阀接口的匹配。

3.使用前的准备工作

将新的调节器组装在水肺装备后，需要注意不要将一级头的紧固螺栓拧得太紧。

4.保养

调节器用后需要用清水冲洗，然后放在阴凉的地方。拆下一级头之前最好在清水中浸泡一下再用自来水清洗。浸泡调节器需要注意以下几点：

（1）确定一级头防潮盖已经盖好，以免水进入。

（2）不要用高压水来冲洗调节器，温和的水流就可以了。

（3）冲洗或浸泡时千万别按下排气按钮，否则易使水通过二级头流到一级头。

备二级头

清洗调节器的时候，可以将它装在气瓶上，并打开气瓶，这样就可以阻断水流入气瓶阀和一级头。一级头的任何空隙（防潮盖盖住的高压进气口除外）和二级头的咬嘴都应该彻底清洗干净。将一级头放在高于二级头的地方，减小水流入一级头的概率。

冲洗后最好将调节器装到气瓶上再按下排气按钮，把可能进入一级头的水排出。避免调节器和泥沙等接触。收拾或存放调节器的时候，尽量将管子弯成大圈，避免锐角的弯折，最好平放而不要悬挂。

调节器要定期上润滑油以及调整，以确保能正常使用。最好每年让专业服务中心检查一次。适当的保养会延长调节器的使用寿命。

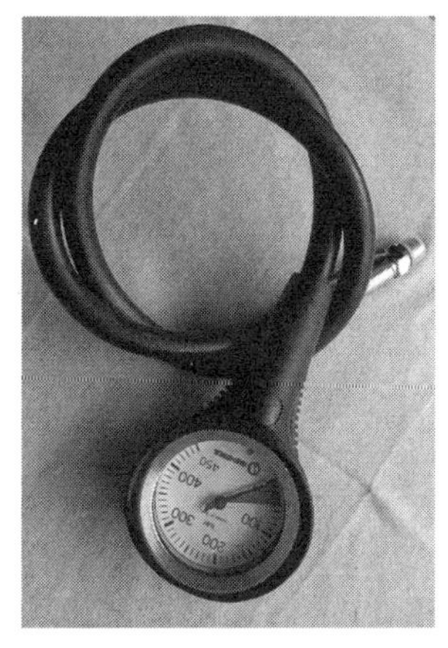

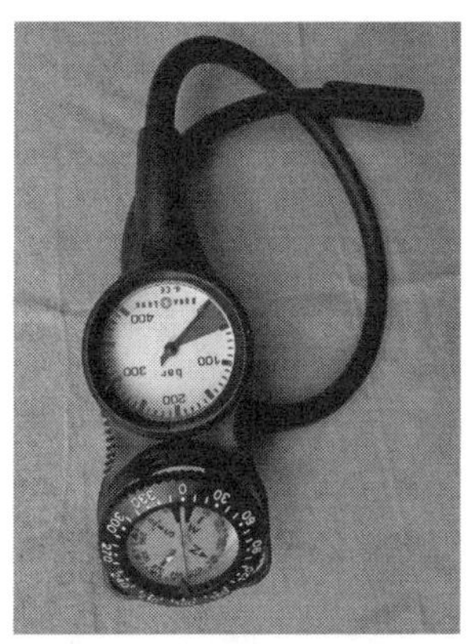

压力表

十一、压力表

压力表（SPG）有时候又称容量表，通过它可得知气瓶内的气体量。潜水员可以利用它计划并执行好潜水活动，保证可以在空气用完前回到船上或者岸上。

压力表是被动通知装置，需要经常主动查看。养成这个习惯对于了解在不同深度处自己消耗气体的速度极有帮助。

1.压力表的样式

压力表是必备装备，有很多种样式，有直接通过管路连接到调节器上的，也有通过装在一级头上的传感器与手腕上的表通信来得到压力信息的。一般都选择与调节器品牌相匹配的压力表。

2.使用前的准备工作

首先要检查压力表是否可以正确显示气瓶内的气体量。要注意的是，如果是调节器上附带的压力表，调节器装在气瓶上以后，当拧开气瓶阀之前，要将压力表的刻度盘朝向地面或者浮力调整装置，以防压力表已在不知情时损坏而在受到高压作用时炸裂伤人。

3.保养

无论是调节器上的压力表，还是腕

上电子表，都是精密的仪器。不要让压力表受到较大的冲击，或者被气瓶之类的重物压到。潜水时不要让它自由摆动，以防压力表被硬物损伤或者伤害到水底生物。

十二、指北针

合格的潜水员应该具有借助某些设备判断自己所在位置并引导自己到达某个目标位置的能力。这个被借助的设备通常情况下就是指北针。

指北针显示北极的方向，而潜水员会以这个方向为基准判断其他方向。

潜水指北针内充入液体是为了抗压和固定磁针。较好的磁针有可以参考的准线。

1.指北针的特征

指北针有四个特征：

（1）准线：假想有一条直线贯穿0度和180度，它就是准线，指示潜水员行进的方向。

（2）指北磁针：指北针中有一个自由转动的磁针（或者是印在圆盘上的箭头）。这根指北磁针永远地指向地球的北极。指北磁针和准线形成的夹角就是潜水员行进的偏角。

（3）定位外圈：大部分指北针都有

一个可旋转的定位外圈。设定指北针时，要先转动定位外圈，使上面两个小的平行指标和指北磁针对起来。这样可以保持一个直线方向前进。

（4）方向指示：大部分的水底指北针，都有数字刻度。所以潜水员可以据此记录自己的方向（以地球北极为准，测量出前进方向的刻度）。

2.使用指北针的动作要领

为了使指北针的准线能和身体的前进方向重合，我们有两种常用的方法：如果是腕表式的指北针，请将没有戴指北针的手臂向前伸直，戴指北针的手抓住伸直的手臂的手肘或附近。如果是在仪表组合上，则双手握住表组放在正面前。

当确定了前进目标方向后，转动定位外圈，使它和指北针重合，然后保持指北针水平（否则会增大指北针的阻力，发生指向错误等问题），并且要保持指北针和定位外圈处于同一方向。如果发现指针转动了，说明潜水员偏离方向了。

当需要返航时，潜水员就要设定指北针的相反方向。先保持身体原先方向不动，将定位圈旋转到指北针的相反方向，然后将身体转过来直到指北针再次

❶ 指北磁针　❷ 准线　❸ 定位外圈　❹ 方向指示

指北针

与定位圈重合。这样就可以开始返航了。

3.使用前的准备工作

确认指北针没有破损，方向正确，响应灵敏。

4.保养

和其他潜水仪表一样，指北针在潜水结束后要加以冲洗，并且勿让阳光直接照射，远离有磁性的物体。

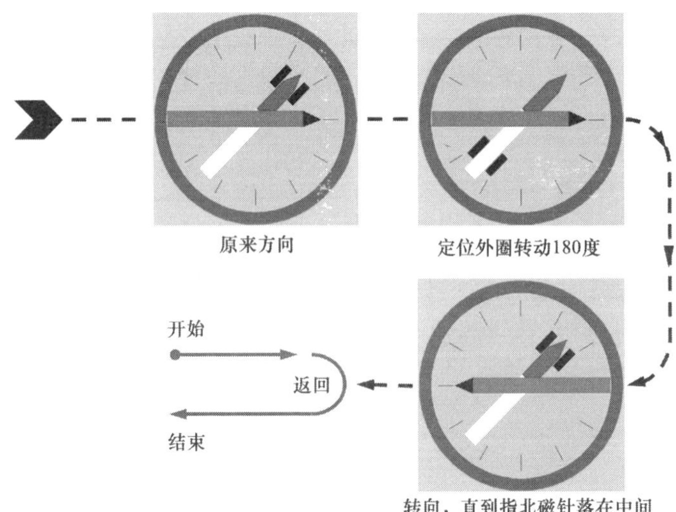

课后题

1.简述水肺潜水面镜的特点。

2.呼吸管在水肺潜水中的用途有哪些?

3.湿式潜水衣和干式潜水衣适用的水温范围分别是多少?选择潜水衣时，需要考虑哪些因素?

4.简述配重系统的作用，并说明如何确定自己使用的配重系统的参数。

5.简述浮力调整装置的五个特点。

6.气瓶在保养和存放过程中应该注意什么问题?

7.气瓶阀开启过程的注意事项有哪些?

8.调节器的结构、特点、原理各是什么?

9.使用压力表前的准备工作有哪些?

10.简述指北针的使用方法。

第四章　如何进行平静水域潜水？

平静水域潜水是潜水学习者接触潜水的最佳起点。

首先，每个人都要选择一位潜伴，并且严格遵守潜伴制度，共同认真学习水中手势、装备组装及检查、紧急救援等。接下来，潜水学习者需要练习入水方式、呼吸方式、下潜和上升步骤、压力平衡和中性浮力游泳等常规操作，还需要模拟遭遇突发情况，如面镜脱落、抽筋、空气耗尽、潜伴拖带、紧急游泳上升等，要如何应对。最后，讲解进行浮潜运动的练习方式。

本章通过大量的实景拍摄照片，结合生动的描述，方便大家直观地学习各项练习内容。

一、潜伴制度

潜伴制度可以说是最重要的潜水制度之一，因为它不仅能保证你的安全，还会增加很多乐趣。

首先你需要在平静水域潜水期间，就开始熟习潜伴制度内容，主要包括：你的潜伴可以协助你完成许多事情，例如：潜水前帮你穿戴和检查装备；在潜水过程中随时与你保持近距离；提醒你潜水的深度、时间和残余气量等；碰到突发事件时，向你提供紧急援助。同样，你也可以给予潜伴相同的帮助。严格遵守正确的潜伴制度，你们两个人都能得到便利、安全和乐趣。

与此同时，潜伴制度可以将潜水变成社交活动。与别人一起潜水会增加许多乐趣。试想一下，你和你的潜伴一起分享潜水经验，进行水底探险，有时候，一起看到其他人一辈子也未必能见的事物。由于潜水和潜伴制度，你会惊喜于认识了那么多新朋友。

你和你的潜伴彼此要互担责任。为了落实潜伴制度，你和你的潜伴必须认真训练，时刻保持在一起，同时享受潜水带来的乐趣。要养成这个习惯需在平静水域潜水时就开始练习潜伴制度。

1.潜水的语言（潜水中如何进行沟通）

各种手势图示及含义如下：

手势1：准备好了。

手势2：让潜水员保持身体静止和流线型，并提示潜水员不要伸手乱摸乱抓，防止破坏环境和误伤自己。

手势3：以蛙鞋为轴，依靠呼吸调整，做中性浮力练习。

手势4：冷。

手势5：看我。

手势3

手势1

手势4

手势2

手势5

手势9

手势6：空气剩余不多，共生呼吸。

手势7：向上。

手势8：向下。

手势9：在这个水深活动。

手势10：停。

手势11：我跟随着你。

手势12：空气用完。

手势10

手势6

手势11

手势7

手势12

手势8

2.程序化的操作

(1）水肺装备组装

在使用水肺装备前，需要先把气瓶、调节器和浮力调整装置组装在一起。

①把浮力调整装置组装在气瓶上

先把后背固定水肺的尼龙束带打湿。因为尼龙束带遇到水后会延展。

a.将浮力调整装置从直立的水肺瓶上面滑装下去。

b.转动水肺气瓶阀方向，让阀门的出气口面对浮力调整装置，也就是对着你头部的位置。对大部分的浮力调整装置而言，夹克式顶端的硬板或是衣领部分要与气瓶阀出气口位置高度相当。

c.用手尽可能地把固定水肺的束带拉紧。然后，扳紧束带上的固定扣。如果有两条气瓶固定束带，则两条都要绑紧固定。

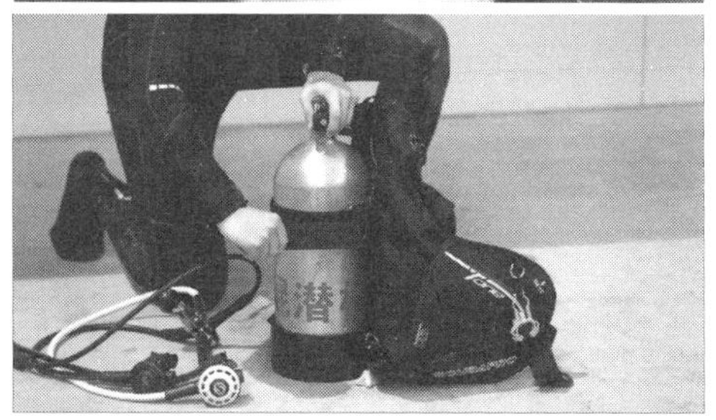

d.下水前要确定气瓶是否已固定牢固。方法是握住夹克式浮力调整装置的领口并提起离开地面，然后摇晃一下，如果气瓶固定位置后没有晃动，就说明固定好了。

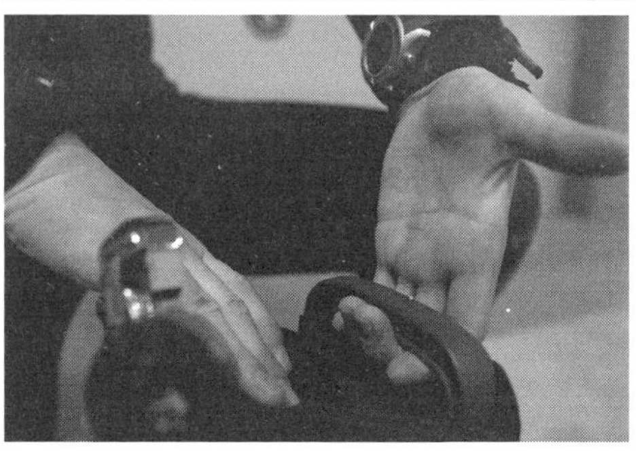

②装上调节器（以Yoke式调节器为例）

a.移开气瓶阀空气出口的防尘盖或胶带。

b.检查气瓶阀出口是否有密封垫圈。

c.慢慢地打开气瓶阀，不要对着人，只要稍微打开一点就可以，让积水和灰尘从阀门口排出，并检查气瓶内排出的空气量。

d.松开Yoke上的锁螺，取下二级头上的防尘盖。

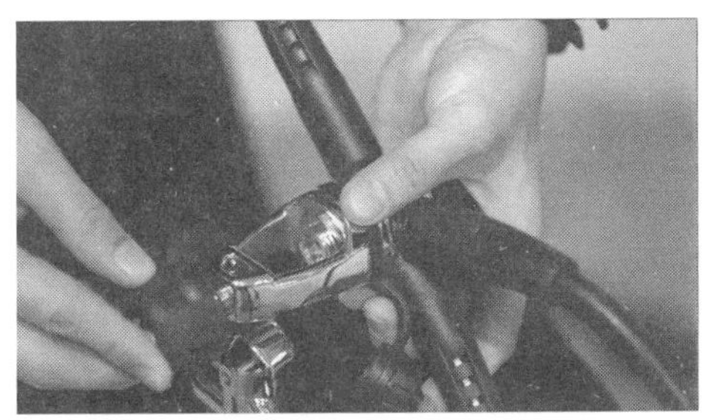

e.将气瓶放在两腿之间，让浮力调整装置朝外，将调节器的一级头装在气瓶阀上，使气瓶阀的出气口与一级头的空气入口对接，保持二级头的管子朝向自己右方。

f.用手指的力量旋紧Yoke上的锁螺，切勿拧得过紧。

g.将调节器的低压充气管接到浮力调整装置的低压充气阀上。

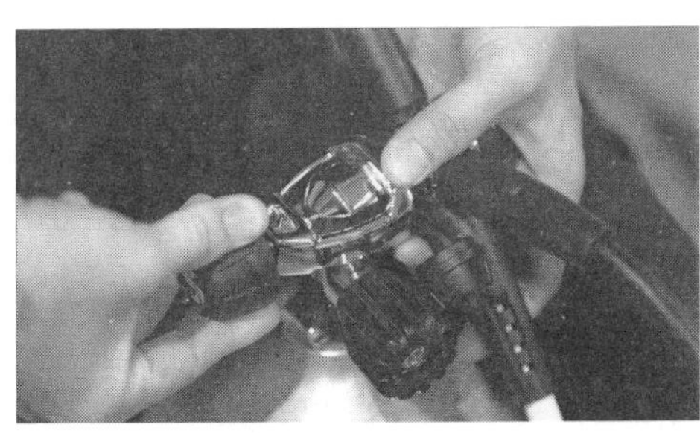

(2) 打开活门检查其运作

现在你准备好打开气源，先用左手握着压力表，并将其朝向地面，打开时不要对着人，防止因内部漏气使压力表表面爆裂。然后慢慢打开气瓶阀门。如果听到轻微的漏气声，则可能是垫圈不干净或破损，需要关闭后重新检查组装。

(3) 管子的固定和保持装备流线型

当你在水中潜行时，不要让任何物品垂下超过身体下方20厘米，越短越好。通常，你可将压力表管子经你的左臂腋下绕到身前，并且固定在浮力调整装置前，或将压力表管子与低压充气管一起固定在浮力调整装置的低压充气阀管上，以方便自己查看。备用气源的管子通常从右臂腋下绕过，并且将它束在下巴和肋骨两端所形成的三角区内。

（4）其他装备的准备工作（调整和着装）

①调整你的浮力调整装置

如前面所述，调整到身体觉得舒适为止。

②调整配重带

按照标准要求配重。

③潜水衣

潜水衣一般比较紧，所以比较费力。穿戴潜水衣，先将裤子穿上，穿好裤子后，再穿水靴。穿上衣时先穿好一只袖子，再开始穿另一只。

二、平静水域潜水

在条件具备的情况下，不同深度的泳池可以满足你在不同时期学习潜水的需求，所以平静水域的潜水练习将是每一名潜水学习者的最佳起点。当然，每一次的平静水域潜水练习都是为了更好地完成开放水域的潜水历程。在练习中要保持良好的心态和习惯，尽量地模拟更加困难的自然环境，以提高自身的潜水技术和能力。

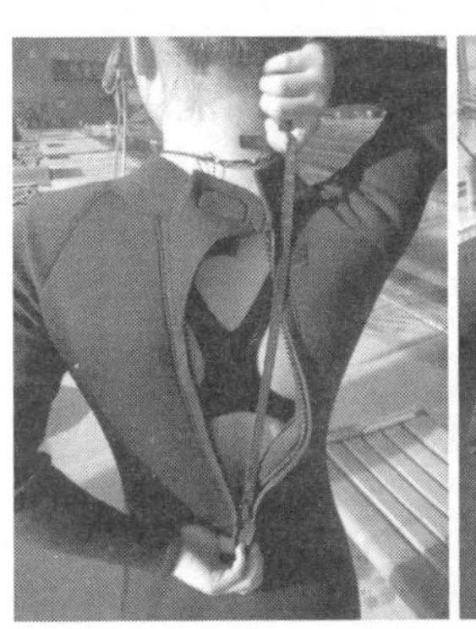
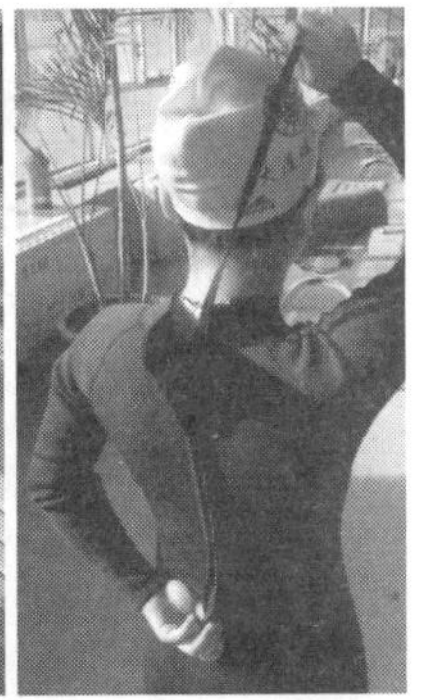

1.入水

（1）直立跨步式入水

进行泳池练习或者在具备直立入水练习的环境中，我们大多会将装备穿戴好，站在池壁边上，采用直立跨步式入水方式，进入水中。

2.呼吸

要做缓慢的、深长的、持续的呼吸。牢记水肺潜水最重要的原则：绝对不要憋气。在水底时，要看教练的手势。

当你呼吸时，吸进去的气体中有一部分是前一次吐气残留的气体。这些气体含有大量的二氧化碳。所以你浅呼吸时，会更多地吸入二氧化碳而非氧气。因此，在水底你要进行深长的呼吸，吸气时要比在陆地上更慢、更深；而吐气时，要快而有力。

微课

侧身揽收呼吸器巡回

3.下潜时的5个步骤

（1）相互用手势OK确认在指定位置可以下潜。

（2）通过手势和指北针确认方向。

（3）将呼吸管换成调节器咬嘴。

水下连续呼吸示范

（4）查看气源残余气量并相互用手势通报。

（5）排气下潜，并在下潜中控制浮力及速度，时刻调整耳压的平衡。

4.上升时的5个步骤

（1）在上升前相互用手势OK确认上升指令。

（2）查看并相互通报气源残余气量及所在位置的深度。

（3）释放潜水标志柱，为水面船只提供警戒信号。

（4）上举浮力调节装置的排气管，调节浮力，使用自身脚蹼打动动力缓慢（≤18米/分）上浮。

（5）在5~6米区域做3分钟悬浮停留，缓解体内气压平衡后，上伸右臂并目视上方，完成上浮出水面。

4.压力平衡

（1）在潜水下潜时

在你的耳朵感到不适之前，每下潜1米，就要做1次压力平衡。如果等到你感到不舒服时再做压力平衡，有可能不能

耳压平衡与中性浮力

成功，因为当时的水压可能大到阻断空气的通道。

当身体内的空腔感到不适时，你需要上升到不适感消失的位置，然后再重新缓慢下潜，并在下潜时增大你做压力平衡的频率。

如果，你仍然无法实现压力平衡，就必须终止这次潜水。否则，在压力不能平衡时下潜，会造成耳膜破裂或是其他类似伤害。

绝对不要尝试剧烈的或是长期的压力平衡，那样会造成严重的耳部伤害，可能是耳膜破裂甚至眩晕。

当你感冒或者过敏时，你的鼻黏膜会因充血而阻碍空气的流通，造成压力平衡困难，甚至无法平衡。但建议不要使用药物来临时保持空气通畅，因为药物会有些副作用（例如嗜睡），甚至在水底其药物效果会消失。

有时候，耳道也会形成无法平衡的空腔（例如过紧的潜水头套），你可以随时将潜水头套从耳边拉开一点，再做压力平衡。

潜水时，绝对不要戴着耳塞，它会

让你无法做到压力平衡。除非是某种专门为水肺潜水设计的耳朵保护罩，它不会影响做压力平衡。

（2）在潜水上升时

由于在水下你吸入的空气与周围的压力相同，所以一定要保持不间断的呼吸，不要憋气！否则，随着深度的减小，肺内的空气会相应地膨胀，危险时，会造成肺部过度膨胀（肺泡破裂）。这种伤害会造成空气进入血管及胸腔，造成中风，甚至死亡等严重伤害！

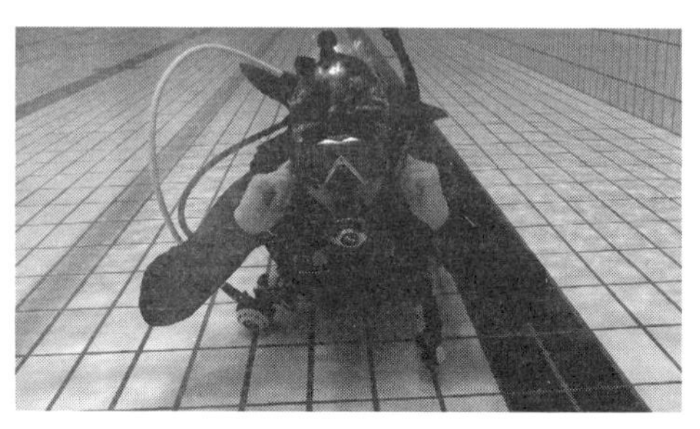

所以，在浅水区域练习水肺潜水，仍然需要连续、正常地呼吸，在练习时将水肺调节器从嘴巴里拿出来，也不要憋气，要慢慢地、连续地将气泡吐在水中。

一般来说，在上升时，体内的其他空腔不会出现问题，膨胀的气体会轻易地从空腔中排出。但是有时会出现因为上升时，膨胀的气体无法从体内空腔排出的情况，即逆向阻塞（逆向挤压），这也会让你感觉到不适。当出现逆向阻塞的时候，你需要减慢或停止上升，甚至再向下潜1米，让气体从适当的通道排出。当然，如果你的问题比较严重，应该及时向掌握潜水医学的医生咨询。为了避免逆向阻塞，请不要在患有感冒时或服用消肿药物后潜水。

微课

呼吸器脱落后按压呼吸器排水法

假如，你在潜水前吃了一些容易产生气体的食物，使你的胃、肠内产生了大量的气体，或者在水中吞咽了空气，也会使你在上升时产生不适。

5.中性浮力与中性浮力的游泳

在每次的平静水域潜水中，虽然水深较浅，我们也要学会控制你的浮力，这样可以帮助你练习如何避免搅动起水底的沉淀物、破坏水底生物，以及浪费体力。首先你要学习基本动作、选择适当的配重和浮力调整装置的使用；然后，你要学会蛙鞋旋轴法。你必须熟练掌握一个动作：完全不动地悬浮在水层中。为了悬浮，首先你要下潜到水底，调整至中性浮力（你可能运用蛙鞋旋轴法）。一旦达到中性浮力，轻轻将自己推离水底约1米的距离。然后，不要憋气，利用肺部的空腔，保持自己在水层中悬浮不动的姿势。如果你开始上升一点，就要吐气，吐出一些肺部的空气，让它不要太满，来减小浮力。如果你开始下沉一点，要吸气，吸进一些空气到肺部，让它满一点，来增大浮力。在附近找一个静止的视觉参考点，对于你调整上升或下沉会有帮助，所以，你可以在靠近游泳池边、绳索边，或是任何可提供参考的物体旁做这个练习。你可以盘腿、伸直双腿，任何帮助练习的姿势都可以。

当你有了经验后，你就能够下意识

且自动地调整你的浮力，易如反掌地保持不碰水底，静止且悬浮在水层中。只要些许练习你会发现水中悬浮是很容易做到的。

6.无面镜潜泳

在最后一次平静水域潜水中，你要练习在水中不戴面镜呼吸。这个跟视线没有多大的关系，但是了解这个动作很重要，以防在潜水过程中面镜完全脱落时慌张无措。绝大多数的面镜脱落，都是因为太靠近潜伴的蛙鞋而被踢掉。因为你可能必须不带面镜游到水面，或是游去找潜伴帮忙找面镜，所以在这个部分，你要练习不戴面镜在水底至少游15米远。

记得，专心用嘴呼吸，而不是鼻子，如果你需要排水的话，用鼻子呼气。在游泳过程中，睁开你的眼睛，因为即使不带面镜，你也可能看清楚你的方向。然而，如果你戴隐形眼镜的话，就要闭上眼睛，让潜伴带领你游动。

面镜排水示范

7.抽筋解脱

抽筋是一种很疼痛的非自主性的肌肉收缩。身为一名潜水员，你可能会有腿部或脚步抽筋的经历。有几点会引发抽筋现象：脱水、肌肉过度运动超出其限度、血液循环不良、水温低，以及以上所有作用在一起。你的蛙鞋也可能造

成抽筋，比如拍动蛙鞋所需的力量对你的腿部来说太大，或是套脚凹洞太小以致不合脚。所以选购合脚且合适的蛙鞋，练习适当的防卫保护，调整活动的步调，都能帮助你避免抽筋。

但是无论如何，抽筋还是有可能会发生的。像大多数的问题一样，你要停下来想一想该怎么做。抽筋时，停止肌肉运动并进行休息，伸展一下或轻轻按摩。你可以伸直腿部，抓着蛙鞋尖，将它拉向自己的方向以伸展抽筋部位，你的潜伴也可以帮助你顶住蛙鞋尖。抽筋部位放松后，让肌肉休息几分钟后，再慢慢地开始活动抽筋的部位，这样会比完全不活动它复原得快一些。

8.疲惫潜水员的拖带

有时候，潜水员会因为太疲劳，或喘不过气来，而无法游到船上或岸上，又或者他们因为严重的抽筋而无法游泳。此时你应该做的就是建立起足够的正浮力后使用一种拖带方法，将潜水员带到船旁或岸上。例如，气瓶阀拖带法或是改良式的疲惫潜水员推带法。

泳池一人供气关闭
后潜伴救援共生

9.同伴共生呼吸

通过前文你已经学到，万一空气用尽时，能有哪些补救方法，你也练习过两种最主要的方法，使用备用气源或是做有控制式紧急游泳上升。另一个你可能练习的方法（在教师的指导下）是共生呼吸，共生呼吸需要你和你的潜伴共同使用一个水肺呼吸。

共生呼吸没有前两个方法理想，因为，它是一种比较复杂的技巧，出错的可能性更大。如果你和潜伴一直保持近距离，并确定自己和潜伴身上每次都有备用的气源，那么，需要使用共生呼吸的机会将减少。然而，在某些地方仍需使用到这项技巧，所以你应该学会它。

进行共生呼吸之前，要先游向你的潜伴，做出“空气用尽”和“共生呼吸或给我空气”的手势，你的潜伴这时应该把他的主二级头递给你作为回应，并让你呼吸两次。你的潜伴不会把二级头放掉，他会握住靠近咬嘴的管子，以免导管盖住排气按钮（如果你有需要，可以使用排气按钮来排除二级头里的积水）。

一旦你和潜伴开始共生呼吸，你和潜伴应该面对面，抓住对方以保持稳定。他应以右手握着二级头，左手握着你的浮力调整装置或气瓶阀。你要以右手握着他，再以左手引导着，把二级头放入嘴中。

你呼吸两次后，让潜伴把二级头拿回去，切记不要憋气。当二级头不在口中时，要发出“啊”的声音。你的潜伴会呼吸两次，然后再把调节器递回给

知识加油站

免停留极限指可停留在某个深度，并且不用做减压停留就可以直接上升至水面的最长时间，也称免减压极限。

知识加油站

减压停留指为了避免发生减压病，在上升途中的特定深度停留一定的时间，用来释放身体内溶解的氮气，根据需要可以是一次或多次。

知识加油站

减压病指因潜水后体内形成了气泡所发生的病症。

知识加油站

安全停留指为了降低减压病的发生，在上升途中停止上升、保持深度的过程，通常这个深度是水面下5米。

你。不断地来回传送，直到你和潜伴建立一种自然、轻松的节奏感。

一旦你们建立了节奏感，你和你的潜伴就能一路通过共生呼吸，上升到水面。模拟练习会让你们在原地练习共生呼吸，然后再让你们沿着水底，模拟共生呼吸游动，并计算你和潜伴需要花多长时间上升。

10.空气耗尽和使用备用气源的混合练习

通过平静水域潜水，你已经学会如何使用备用气源，并体会到空气用完的感觉。现在，你将要把这两者合一，练习应对空气用尽的情况。教师会把你的气源关掉，就像之前在空气耗尽练习中所做的一样。不要看压力表，只要你一感觉到呼吸阻抗时，就对你的潜伴做“空气用尽”或“给我空气”的手势。从潜伴的身上拿到备用气源，并使用它进行呼吸；你们花一点时间就绪并彼此接触后，教师会要你们继续使用备用气源，一起游泳至少1分钟。这是模拟从水深18米处游上水面的情形。

一旦你从潜伴身上拿到备用气源，并且把自己的二级头拿出口中，教师会把气源打开。这样一来，如果需要的话，你可以把它们再换回来，检查压力表，确认气瓶已打开。如果气瓶是打开的状态，压力表不应该显示为零（或接近零）。这种练习有助于你养成关注气源压力的良好习惯。

11.有控制的紧急游泳上升

假使你的空气完全用完，而你的潜伴又离你而去，使你无法取得备用气源，如果你所在地的水深约为10米/英尺，你可能要决定使用有控制式的紧急游泳上升。紧急游泳上升就是单纯地向上看，然后向上游到水面，上升时不断发出“啊”的声音，向二级头内吐气以释放膨胀的空气，避免肺部扩张的伤害。到达水面时，用嘴将浮力调整装置充气直到建立正浮力。

12.在水中操作配重带和水肺装置

如果遇到紧急事件，需要上浮，首先想到的是利用浮力调整装置，但是万一浮力调整装置失效，就要去除配重带和水肺装置。去除时，用右手找到快卸扣，将它扳开，抓紧没有快卸扣的一头，然后把配重带抽离你的身体。丢弃的时候，注意防止配重打伤其他潜水员。

三、浮潜运动

浮潜是指使用一根呼吸管在水面上游泳。浮潜者所需的装备包括潜水镜、蛙鞋、呼吸管和泳装。

1.过度换气

因为浮潜时用不着水肺装置，所以，下潜时就需要憋气（或者，你不憋气，只不过你会急促地回到水面上）。大部分的人憋气超过1分钟都有困难，尤其是当他们在水底要做一些消耗大量体力，像是游泳之类的事情。

为了憋气憋得久一点，你可以使用过度换气的方法，它会暂时抑制你想呼吸的冲动。故意的过度换气，其实只是在憋气浮潜之前，做三四次快而深的呼吸而已。在过度换气之后，要隔较长的时间，你才会有渴望呼吸的感觉，因此，你可以在水里逗留很长时间。过度换气之所以有用是因为呼吸的渴望来自体内二氧化碳浓度的升高，并非因为氧气浓度过低。三到四次的呼吸会把二氧化碳量降至正常等级之下，所以，当你憋气时，可以有较长的时间，让二氧化碳浓度升高到足以刺激呼吸的欲望。

知识加油站

上方封闭环境指上方有阻碍、不能直接上升到水面的环境。

如果你从未试过过度换气，你可能会惊讶于它的效果。但是，将过度换气限制在三到四次是很重要的。超量的过度换气，超过三或四次，会很危险，因为你将体内的二氧化碳浓度降得太低，以至于你感觉需要呼吸时，体内已缺氧。这会导致你突然丧失意识，完全没有征兆，进而溺水。所以绝对不要做超量的过度换气。

在每次憋气下潜之间，必须要在水面休息1分钟以上，好让体内的氧气水平恢复到正常程度。如果你感到疲劳、头昏或是头痛，应该马上停止潜水，要漂浮、放松，或者休息。

知识加油站

肾上腺素：由人体分泌出的一种激素。当人经历某种刺激（例如兴奋、恐惧、紧张等）时会分泌出这种化学物质，它能让人呼吸加快，心跳与血液流动加速，瞳孔放大，为身体活动提供更多能量，使人的反应更加快速。

对于无意过度呼吸，可能你会有点熟悉，那是由于焦虑或者压力，而造成呼吸急且浅。这会引起呼吸困难，也会造成你之前学到的体力消耗过度和空气短缺问题。使用正确的技巧，通常是可以避免这些问题的。但是，万一你觉得自己因焦虑和压力而过度呼吸，你要强迫自己停止，慢慢地呼吸并且放松。

2.浮潜时水面下潜

到目前为止，你所做的下潜，都是使用水肺装置，做足先式的下潜。这个方式对于水肺潜水是很理想的方式，但在浮潜时，这种下潜方式太耗时间了。在很浅的水域中，你甚至可能在到达水底之前，就必须上到水面来呼吸。既然你没有穿着水肺装置，就可以采用较快的镰刀式水面下潜方式。

镰刀式水面下潜方式可以让你毫不费力地快速到达水底。以下是镰刀式水面下潜方式的做法：将浮力调整装置放气（假如使用的话），然后漂浮，脸朝下，透过呼吸管呼吸。开始向前游，同时做过度换气（不要多于4次），然后吸一口气憋住。向前弯腰，头和手臂往下进入水中，并利用此动力举腿露出水面。尽量把腿伸直伸高，用腿部的重量将你往水底压。一旦蛙鞋进入水中后，开始踢腿，并对耳朵和面镜空腔做压力平衡，就像你在使用水肺装置下潜时所做的那样。抬腿时，可用手臂作为杠杆，但是入水后，就要利用蛙鞋向下游。如果没有使用浮力调整装置，你应该会有一点正浮力，并且需要向下游。

当你下潜后，你的潜伴应该在水面上注意你的行动。当你的潜伴下潜时，你也要做一样的事。这种一上一下的潜伴相互照顾法是为了一方遇到困难时，潜伴可以吸一口气，立刻来帮忙。

当你在水底潜游时，应该慢慢地游动来节省氧气的消耗。如果你能放轻松，并对某些事情感兴趣，你会惊讶，一口气能让自己在水底逗留那么久。

当你要上升时，将手向上高举过头，往上看并慢慢旋转上升。这样，当你上升时，能够完整地观察到水面四周。养成注意头上障碍物（如船只和其他潜伴）的习惯。到达水面前，你

知识加油站

深潜指在休闲潜水中，在18米至40米深度的潜水活动。

可以使用一种叫作置换式的方式清除呼吸管内的积水。

3.置换式呼吸管排水

当浮潜时，使用置换式方法，需要不具有自动排水功能的呼吸管。

排水具体步骤如下：当你进行浮潜上升时，头部要往后仰，眼睛看水面，在这种姿势下，呼吸管的出口会低于咬嘴，在整个上升过程中，你应该保持头向后仰，眼睛向上看的姿势，当你上升到距离水面1~1.5米的地方时，要吐出少量空气到呼吸管内，你呼出的气体会排出管内积水。

当你到达水面时，转头向前，恢复水面游泳的姿势，并继续吐气。呼吸管内的水就能被排干净，但是，你要注意对气道的控制，并且小心吸第一口气，以防呼吸管内残留少许积水导致自己呛水。

置换式排水法不能用于有自行排水装置的呼吸管，因为你向上看并吐气时，空气可能会从排水气阀溢出去，从而无法排水。

课后题

1.简述潜伴制度的意义。

2.在3分钟之内，完成水肺装备组装及检查。

3.如何根据潜水时的具体情况选择入水方式?

4.简述水肺潜水时如何进行呼吸。

5.简述潜水中下潜和上升的5个步骤。

6.潜水时会遭遇哪些突发情况？如何沉稳应对这些突发情况?

7.简述浮潜时水面下潜的动作流程。

第五章　你了解开放水域的潜水吗?

开放水域潜水分为淡水潜水、海水潜水和海洋潜水。其中海洋潜水必须掌握相关技巧，注意海浪的流动，提前制订潜水计划。

为了安全进行开放水域潜水，须重点关注以下问题：水下的能见度、水流的方向、水底结构、水中的生物等。开放水域潜水是人类亲近大自然的美好方式，因此，保护自然环境与保护自身安全同样重要，潜水者应该尊重自然，敬畏自然。

1.水下的能见度

当你正要离开水里时，经过另一个要下水的潜水员身边，你一般都会被问道：“嗨，水下能见度怎么样？”这足以证明水下能见度对潜水的重要性。如何判断能见度高低呢？水下能见度的定义是：在水底平视时所能看到的最远距离。因为这个定义有些主观，有时你只能看到轮廓，所以一些潜水员会补充说明，水下能见度就是能辨认出另一个潜水员的水平距离。能见度的范围从60米到200米不等。

影响能见度的因素包括：（1）水流情形；（2）天气；（3）悬浮颗粒；（4）海底结构。波浪、水的起伏和水流会将水底沉积物翻搅起来，同时雨水的冲刷也会降低能见度。若是受到你蛙鞋的踢动、船的行驶和其他水的波动等影响，水底的微小沉淀物也会悬浮在水中，快速降低能见度。在某些情况下，水里的水生物大量增生会使水浑浊不清，如赤潮。

有些因素对能见度状况影响是很明显的；有些则较轻微。在能见度低的时候，很难保证能和潜伴一直在一起，而且也很难知道自己的位置和前进方向。当你无法看到水面和水底时，会因不知身在何处而迷失方向。

为了应对这些状况，你需要比平时更紧地跟随潜伴，以便彼此照应。利用指北针来探知前行方向，并且留意明显

知识加油站

潮汐指海水在天体（主要是月球和太阳）引潮力作用下所产生的周期性运动。习惯上把海面垂直方向涨落称为潮汐，而将海水在水平方向的流动称为潮流。人类的祖先为了表示生潮的时刻，把发生在早晨的高潮叫潮，发生在晚上的高潮叫汐。一般每日涨落两次，也有涨落一次的情况。

知识加油站

潮汐现象的产生是月亮起主导作用的，月球对地球海水有吸引力，地球表面各点离月球的远近不同，正对月球的地方受引力大，海水向外膨胀；而背对月球的地方海水受引力小，离心力变大，海水在离心力作用下，向背对月球的地方膨胀，也会出现涨潮。潮汐有半日潮、全日潮和混合潮三种类型。

的标志物。在下潜和上升时，你可以从水面拉一条参考绳来提示方向，或是沿着水底进出深水区。

如果能见度太差，你可能要做别的活动了。但是，经过特别训练后，你仍然可以在能见度很差时享受潜水的乐趣，并且很多潜水员乐衷于此。

在能见度很好的时候你仍然需要谨慎小心。这听起来或许很奇怪，但因为水会放大物体，使水中物体看起来会比实际更近。下潜时，你需要查看深度表，并且停留在预定的深度范围内。在清澈的水中，即使你能够看到水底和水面，若没有视觉上的参考物，你也会在下潜和上升时，体验到失去方向的感觉。再次强调，一条参考绳或其他参考物体可帮你避免这些问题。在清澈的水中，记得和潜伴要靠近些，因为看见彼此不表示你俩靠得足够近。

2.水流的方向

通过前面的学习，你已知道潜水时要保持放松，避免过度费力。你也学到水会阻碍你的前进，这就是你要尽量使自己呈流线型的原因。所以紧接下来要学的是，当你遇到逆流时，你需要一些技巧避免气喘吁吁、疲劳和过快消耗空气。

首先来看水流的特点。水流是水的大规模运动，发生在海洋，或在大的湖泊、海域甚至部分较小的区域。有些水流是全球性的且永久性的，有的是暂时的（如潮汐、波浪）。

当你尝试逆流而游时，即使只是温和的水流，也会快速消耗你的体力。这就是你为什么需要使用正确的技巧，避免逆流而游。

如果你的潜水地点有温和的水流，开始潜水时要慢慢逆流前进，这样在结束时，不用对抗水流就能回到船上或岸上，因为水流会将你带回出发点。避免在水面长距离逆流而游，贴着水底游动则比较容易，因为受水自身黏性的影响，通常水流在水底比在水面来得弱。

如果你意外地陷在水流中，并错过你的出水点，别试图逆流而游，取而代之的方法是穿越水流（游动方向与水流垂直）。直接逆流而游会使你筋疲力尽。借着穿越水流，或许能够游离水流区，从而到达从潜水船垂下的参考绳或水流下游的岸边。

从事船潜时，如果你被困在水面上的水流中，无法回到船上，不要逆流而游。将浮力调整装置充好气以建立浮力（如果浮力调整装置失效，则果断丢弃配重带），发出求救信号，然后休息，等船来接你。最重要的是保护好自己，保持冷静。在强水流和快速水流中潜水，你需要特殊训练和经验。

3.水底结构

当你在水中时，大部分的时间是靠近水底潜游的。因此，水底结构会影响

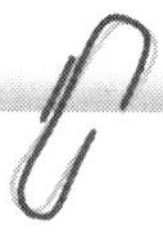

知识加油站

半日潮型：一个太阴日内出现两次高潮和两次低潮，前一次高潮和低潮的潮差与后一次高潮和低潮的潮差大致相同，涨潮过程和落潮过程的时间也几乎相等。

知识加油站

全日潮型：一个太阴日内只有一次高潮和一次低潮。

知识加油站

混合潮型：一月内有些日子出现两次高潮和两次低潮，但两次高潮和低潮的潮差相差较大，涨潮过程和落潮过程的时间也不等；而另一些日子则出现一次高潮和一次低潮。

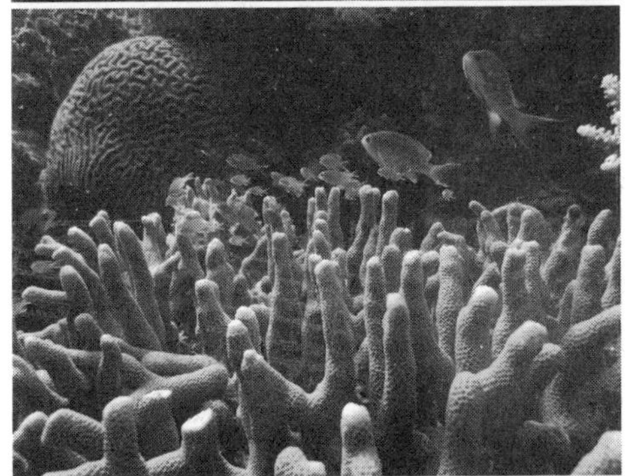

你及你所运用的技巧。水底结构包括礁石、淤泥、泥沙、珊瑚和植物。

你可以轻易地搅动一些水底结构，特别是淤泥和泥沙，在进入、离开或是在水底的某些结构之间移动时要特别小心。当你在软泥地行走时，可能会深陷其中，或者如果某样东西掉进十分软的淤泥中，可能会沉下去。如果你不小心的话可能被水中树枝、灌木、一些人造物品或水中植物缠住，或者被礁石刮伤。显而易见，了解水底结构和相关问题是很重要的。当有经验后，你会明白在大部分的场景中会遇到什么种类的水底结构，以及如何应付相关的问题。主要是要保持警惕性，注意你手脚的位置和运用常识。

有时候，你需要留心水底结构。因为有些水底生物十分脆弱，即使是轻微的碰触都会伤害甚至杀害它们。所以，避免接触生活有敏感生物的水底结构，这不但是为了保护自己，也是为了保护环境。

无论水底结构如何，有效的浮力控制是避免接触的最好方法。建立中性浮力，固定好装备，同时与水底保持一段距离。并且，潜游时将蛙鞋抬高，避免搅动沉积物而降低能见度。

4.水中的生物

身为一位潜水员，你有很多机会与新奇迷人的水中生物互动。有些水中生物会好奇地游向你，有些则会慌忙逃走，而有些则可能被吓破胆，像石头一样定住不动。你可能会游过高耸如森林或是绵延像修剪过的草皮的水中植物群落。在这个过程中你也应负起相应的责任。

潜水员与水中生物的互动可分为被动互动（欣赏、不去打扰、水中摄影等）或主动互动（喂食、触摸、打扰、追逐和渔猎等）。即使是被动互动也会影响到水中生物，因为它们对于周围环境是很敏感的。急促地接近水中生物会迫使它们改变行为及生活的自然节奏。安静而缓慢的动作，相对不会打扰到它们，使你有更多的机会观察它们的自然状态。

主动互动是指你和水中生物有身体上的接触。我们已知道，若碰到敏感的珊瑚就容易伤害到它，而其他主动互动如渔猎，对水中生物的影响必定是负面的。再如喂鱼食，经常性喂食会使水中生物放弃自己觅食，影响到它们的觅食习惯，造成生物数量的不平衡，影响当地生态环境。

但这不是说没有任何具有正面意义的互动行为，如释放被困在废弃陷阱中的鱼类，或观察鱼群数量以支持环保活动。

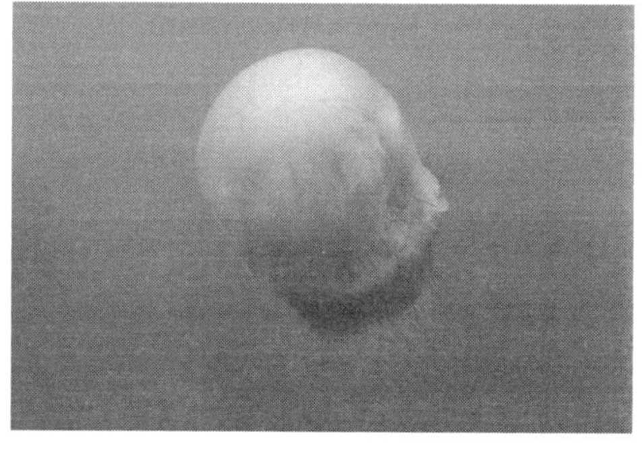

（1）水中的动物

水中的动物对于人类接近的典型反应是逃跑。它们绝大多数都是胆小且无害的，而且赏心悦目，但是你仍然要谨慎。

几乎所有涉及水中生物的伤害，都起始于人类的不小心，而大部分的伤害很轻微。只要有些了解并注意就可以避免。

大部分的不愉快与侵略性的水中生物无关，例如被海胆刺伤、被水母螫伤、被海带或珊瑚刮伤。为避免这些伤害，你碰触东西时要小心，穿着潜水衣防止意外接触。对于你不熟悉的生物，不要去碰它，有个极好的法则：凡是太美的、太丑的或是不逃开你的，都别去碰它。

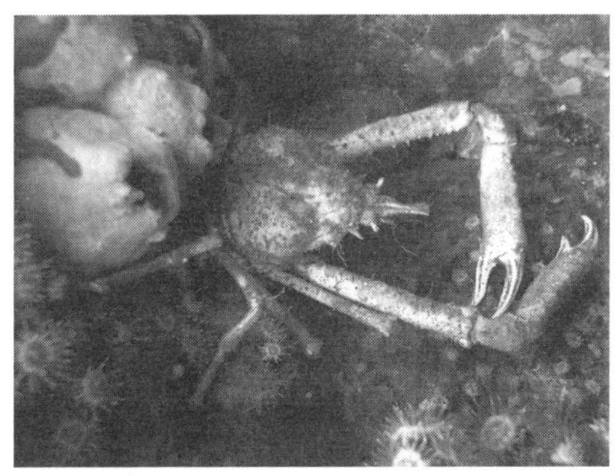

极少的水中动物会主动攻击。所有的动物受到挑衅时都可能很危险，但是，人类被水中动物攻击的事件却很少发生。有些生物被人类称为嗜血杀人魔，如鲨鱼和杀人鲸，都是不正确和扭曲的报道造成的误解。大多数鲨鱼和人类之间的意外都牵涉到鱼枪猎鱼（受伤的鱼刺激鲨鱼的捕食行为）。

被似乎具有攻击性的水中动物（例如海鳗）伤害，都是由于这些动物受到惊吓或威胁，如你看不清楚就大意地把手伸进海鳗洞里。所以当你看到鲨鱼，或是其他攻击性的动物时，要保持冷静，停留不动。不要游向它，因为那会引起它的防卫反击。观察它的动向，它有可能只是恰巧经过。好好享受这个机会，鲨鱼是世界上最庞大的自然生物之一，你没有机会常常看见它们。如果它停留在你附近，请冷静地沿着水底游开，注意它的举动，然后离开水底。

注意以下问题可以避免你与水中动物发生冲突:

①尊重所有的动物，不可戏弄或者故意骚扰它们。

②在极阴暗的水中要特别谨慎，因为在那里你看不见手触摸的地方。如果该水域有潜藏的侵略性动物，它们可能会把你误认为猎物，所以你要避免在类似地方潜水。

③避免穿戴发亮晃动的装饰品。因为这些东西会被当作诱饵或是小型猎物，且会引起某些动物的注意。

④如果你用鱼枪射鱼，要立即将射到的鱼移离水中。

⑤穿戴潜水手套和潜水衣避免被刺伤或者刮伤。

⑥维持中性浮力并且避免触及水底。

⑦缓慢小心地移动。

⑧注意你的前进方向和手、脚、膝盖所处的位置。

⑨避免和不熟悉的动物接触。如果你不知道它是什么，别碰它。

有些动物是你可能避免接触的，然而，有些则是潜水员用来作为猎物或标本的，其中包括龙虾、螃蟹、鲍鱼、扇贝、鱼、海螺等。在捕捉猎物前，应先了解当地的渔猎法则，包括狩猎季节、猎物大小、捕捉数量等。渔猎法则旨在确保这些动物不会灭绝。即便是当地渔猎法则允许狩猎且没有数量限制，你也应该少量捕捉。在很多地方，即使法律允许，当地的潜水员也不会从事渔猎活动。

（2）水中的植物

你会注意到的第一件事是，潜行在水中植物上比潜行在大部分水中动物上容易得多。水中植物包括常见的巨大海带林，也包括淡水湖或河流中的小草和水藻。它们为水中动物提供食物和栖息场所，所以你常常会在水中植物环境中发现水中动物。

有些植物可能会缠绕住潜水员。这不是最严重的问题，只要小心一点，你可以轻松地进出植物丛而不被缠绕。保持装备呈流线型，注意你的前进方向，避过植物生长浓密的地区，这些都会帮你把被绊住或缠住的机会降到最低。

如果不幸被植物缠住，保持冷静，并停止移动，然后微微倒退一点。不要转身，那样你整个人会被缠住。有可能你只是被一两根枝藤缠住，所以可以在潜伴的帮助下，自己回头解开。不要挣扎或是使用蛮力，因为那通常会让事情更糟。虽然我们希望将对水中植物的损害降到最低，但必要的情况下，可以借着弯曲和折断根茎挣脱。这个方法通常比使用潜水刀有效率。

5.户外的阳光（防晒措施）

潜水常常让你置身于阳光直射的船上、海滩和码头上，所以你必须采取一些预防晒伤的措施。不在水中时，穿着防晒衣服（宽边帽、轻便长袖衫等），尽量待在阴凉处并使用防晒油。记住，即使是阴暗的天气也无法保证不被晒伤，紫外线会穿透云层，但因为你不觉得热，所以不会觉察正在被晒伤。这就是为什么你看到有些最严重的晒伤都发生在多云的天气。

在水中也有可能被晒伤，特别是进行浮潜时。穿上潜水衣并且涂上防水的防晒油来保护自己。记住，在水中时，你可能在伤害已经造成后，才知道自己被晒伤了。晒伤可能是潜水员受到的最为普遍的伤害，而它是完全可以避免的。别让晒伤破坏了美好的潜水旅程。

6.淡水潜水

当你有了潜水经验后，你可能发现在淡水和海水中潜水都很棒，即使它们各有不同的环境、动植物，且需要不同的潜水技巧和程序。根据各个潜水地点的特点，你可以从事喜爱的水底活动，例如水底摄影、沉船潜水，随你喜欢。

典型的淡水潜水环境包括湖泊、水坑、水泉和河流，这为大部分潜水活动提供了绝佳的环境，如水底摄影、探险以及更刺激的活动，像是沉船潜水、冰下潜水、洞穴潜水和激流潜水。参与这些活动前，需要进行特别的训练，配备特殊的装备。

在淡水环境中潜水要考虑到水流、水底结构、有限的能见度、温差大、水温低、植物的纠缠和船只的问题，其中大部分也是在海水潜水中必须考虑的。记住，在淡水湖泊和水坑中潜水遇到大温差的可能性比较大。你也可以在高海拔地区潜水，但这需要特别的训练和技巧。

因为淡水的密度低于海水，所以你在淡水中受到的浮力也比在海水中小。这表示如果你在海水中潜水完后，再到淡水中潜水，假设你穿着相同的装备和潜水衣，那么，你就需要较少的配重。

7.海水潜水

海水潜水环境大致可以分为三个区域：温带、热带和寒带。虽然之前提及，在南、北极区的水域潜水，对那些具有适当装备及训练过的潜水员来说，的确妙不可言，但绝大多数的休闲潜水都在温带水域和热带水域进行。海水活动包括一般的潜水活动，以及水底摄影、猎鱼和在一些人工建筑如防波堤、码头、钻油台、沉船和人工鱼礁等处潜水。

在这些环境下潜水需要考虑包括波浪、碎浪、潮汐、水流、船只、深度、海洋生物和地区是否偏僻。每个潜水地都有其特色，这就是你需要在新地区体验当地潜水的原因。它让你有一个更有趣、更愉快的潜水之旅。

8.海洋潜水

海洋是一个动态的环境，它在不断地改变和活动。所以必须掌握海洋潜水的相关技巧。

(1) 关于海浪

当海面上有风时，风推动海水形成波浪。这种波浪随着风力而变化，强风形成的波浪甚至能改变海底结构，这对潜水员是非常危险的。当海浪运动到较浅的位置时，就会形成碎浪，通过观察碎浪的变化可以很好地了解水底情况，以便设计潜水计划。

在海里潜水时，我们必须注意:

①浪的起伏。在浅水区内，海浪会使你前后摇晃，因此最好是快速潜入深水区，因为在那里浪的起伏会散掉。

②回流。波浪破碎后形成回流，若你在陡峭的海滩上，则回流力量会很大，因为上层波浪将你往岸上推，而回流则将你往水底拉，你必须努力保持身体平衡。

③水流。在它的作用下，你会远离预

定的出水点，所以你可以从更上游的地方开始逆流潜水，等到潜水结束后，随着沿岸水流回到上岸的地方。

④涌升流。涌升流一般是流速较慢的水流，是风从陆地吹向外海而造成的。存在涌升流的区域是潜水的好区域。

⑤潮汐。潮汐现象是指水体在月球和太阳引力作用下形成的周期性运动，在海洋里或者比较大的湖泊中都有。最理想的潜水时段是在涨潮时。

(2) 潜水计划

①事前计划，选择合适的入水点和出水点，并有潜伴跟随。

②准备工作，例如提前去看地形和天气预报。

③出发前准备。包括查看天气、告知所有人潜水计划、整理物品、打包、地毯式检查装备。

④下水计划。首先评估环境，决定是否适合潜水，然后决定入水处，并复习手势和通信方法，决定潜水深度。

⑤照计划潜水，享受乐趣。

(3) 船潜

坐船到深海中潜水将会给你带来更大的乐趣，但是有必要做如下准备:

①检查船的状况。

②标记装备，以免弄混。

③收拾装备。

④带足够的食物和保暖衣。

1. 水下的能见度会如何影响到你?
2. 简述开放水域潜水时遇到水流的做法。
3. 请制订一份潜水计划。
4. 讨论题：潜水时的环境保护与自我保护的重要性。

第六章　潜水附属装备简介与潜水健康及安全

本章介绍了水面浮具、潜水旗、水面信号装置、采集袋等潜水附属装备以及它们的使用方法，这些装备既能保障潜水员安全、顺利地进行潜水，也可以满足更多的水下休闲活动的需求。喜爱潜水运动的人要在日常注意养成良好的生活习惯，及时更新并掌握更多的潜水技巧和充分的潜水知识。严格遵守正确的潜水计划表或采用电脑表协助实施潜水计划，可以有效预防减压病的发生，也能极大地避免其他形式的身体损伤。

一、潜水附属装备

到目前为止，我们已经了解了潜水的主要装备，以及它们的拼装方法。除此之外，还有一些装备是我们需要了解的。

1.水面浮具

水面浮具可以是任意的小型漂浮物。潜水员可以用它来休息、标示潜水点、协助其他潜水员、存放东西和插潜水旗。常用的水面浮具有气垫、轮胎内胎、小型橡皮筏以及其他能漂浮的物品。

无论是将水面浮具固定，还是拖拽移动，至少需要准备一条不短于15米的尼龙绳。最好准备一个卷绳轴，将多余的绳子缠好，以防绳子在水中缠住潜水员。并且牢记，拖拽绳子的时候不要将绳子绑在装备上，要用手拖拽。这样水面浮具被船只或其他物体勾住时可以立即松手。

2.潜水旗

潜水的地方可能会有游艇或者滑水等其他运动，它们可能对潜水员造成危害。为了警示它们避开潜水的地点，需要用到潜水旗。

潜水旗有两种：一种是红色的方形旗，上有一条白色的斜条纹；另一种是白蓝色的燕尾旗（阿法旗）。旗子要足够大，至少要使在100米外的人看清。有时候两种旗子都需要使用，特别是船潜时。

如果是船潜，应该将潜水旗固定在桅杆、天线等容易被看见的地方。如果是岸潜，并且潜水目的地离岸边较远，则应当将潜水旗插在水面浮具上。这个时候应当将旗面用钢丝和其他用具撑开，并且保证旗杆高于1米，使附近水域的人在起伏的波浪中也能很容易地看到旗子。

有些地区会明确规定潜水员应当在离潜水旗多远的范围

内潜水，有些地区则没有。在一般情况下，请保持在距离潜水旗15米以内的范围内潜水。船只一般会在距离潜水旗30米以外的地方经过。此外，悬挂潜水旗之后要确保水中确实有潜水员。

当然，虽然我们做到了这些，但仍然难以保证所有经过的船只一定能注意到潜水旗。它们可能会在潜水旗附近开过去，这时如果潜水员正在上升就要格外注意听是否有特别大的船声。如果有，就要暂时停留在安全的水深。

另外，还可以准备一个充气信号管来通知船只，有潜水员即将浮上水面。

知识加油站

休闲潜水要选择可以随时看到水面的环境，下潜的深度不能超过40米，并且应保持在免停留范围内。如果潜水环境是上方封闭环境的状态，那么要保障这个潜水环境有水平面以上的空间，在这里的潜水深度也不能超过40米的垂直距离。

3.水面信号装置

万一在水上发生紧急情况，需要协助时，可以用水面信号装置来引起别人的注意。此外，当潜水员不小心被水流冲到较远的地方，上浮之后离船只和潜水旗也很远时，也需要水面信号装置引起别人的注意，以便他们在较短的时间内来帮助自己。

水面信号装置有视觉和听觉两种，潜水员至少要配备其中的一种。

视觉水面信号装置包括色彩鲜艳的浮力棒或浮力球，充气后格外引人注目。另外还有夜间使用的，如信号镜、信号灯和闪光灯等。视觉水面信号装置一般放在潜水员BCD的口袋里。

听觉水面信号装置以哨子为主，有的是口吹式，有的要依靠低压充气装备启动。无论哪一种，潜水员一般会把它装到BCD的低压充气管上，既不碍事也容易在发生紧急情况下迅速使用。

4.采集袋

顾名思义，我们在水底可以用采集袋很方便地存放想要带走的东西。它又被称作“百宝袋”或“猎物袋”。

采集袋有多种不同的尺寸和样式，一般都是由尼龙网制作的，因此，它可以快速排水，袋子上用铁框作为袋口的开关。大部分采集袋都有可以保持袋口关闭的装置。

另外，当采集袋被装满的时候，一般会很重。切忌把它装在装备上，一定要用手提着，紧急时可以把它丢掉。不潜水的时候，可以用它装面镜、呼吸管和蛙鞋等。

5.水下手电筒

在水下，手电筒比在陆地上更有用，无论是在白天还是在夜里。它可以帮助潜水员看到深水处物体的本来颜色（水对光线有吸收作用）。同时，它也有助于看清黑暗岩缝中的东西，这样就可以在确定里面是否安全或有没有想要观察的东西后再决定是否把手伸进去。

水下手电筒应该具有防水耐压等功能。并且，一个合格的潜水员应该学会为水下手电筒清理密封圈并给它上润滑油。不使用的时候应将干电池取下。

6.水中记录板

我们知道在水底最通用的通信方式有手势和使用水中记录板两种。除此之外，水中记录板还可以帮助潜水员记录一般资料，如时间和深度限制、潜水日志等。

水中记录板通常由塑胶制成，配有一支拴在一起的铅笔。并且一般都可以放在BCD的口袋中。有些仪表壳的背后可以镶嵌特制的水中记录板，有的则固定在腕表上的特定位置。

有的水中记录板印有水下生物的资料和名称，使用起来更加方便。但无论哪种水中记录板都需要把它固定好，最好把它放在口袋里以防不必要的纠缠。

7.备用零件组合

因为一点点小的疏忽而丧失一次潜水机会，是很划不来的。因此很有必要准备一套便携的备用零件组合。实际上就是将各种易出现故障、损坏或者遗失物品的替换配件，以及一些基本工具，应将其放在一个便携的盒子内。但即使有了它，也不要落下任何一个潜水之前的准备工作，以及任何应用物品。以下是常用备用零件组合的内容。

（1）面镜带——尼龙制粘贴式的调整带几乎适合所有面镜。

（2）蛙鞋带——准备两条蛙鞋带，替换时要两个一起换。

（3）橡胶气密圈——橡胶气密圈的尺寸并不统一，备好所有尺寸的橡胶气密圈。

（4）硅胶润滑剂——准备油脂状的硅胶润滑剂，不要喷雾式的硅胶润滑剂。使用的时候注意节俭，硅胶润滑剂只要一点点就可以用很多年。

（5）呼吸管固定环。

（6）修补潜水衣的黏合剂——不同潜水衣的黏合剂不同，需要根据潜水衣的材料进行选择。

（7）防水胶带。

（8）快卸扣。

（9）小刀。

（10）钳子——最好是专业工匠使用的那种。

（11）活动扳手。

（12）起子。

（13）备用太阳眼镜、防晒油（盖子要盖紧，防止污染别的装备）、晕船药。这些不是替代品，而是一些必备物品，所以请一直配备这些东西。

8.潜水日志

每一个持有潜水许可证书的人，都应在他得到该证书后对自己的每一次潜水做相应的记录。这份记录将是他潜水经验的证明，在将来的生活中如果有需要，将和他的潜水许可证书一并拿出来，向雇主或者必要的人员说明他的能力。我们称这个记录叫作潜水日志。

潜水日志中应当包括潜水次数、从事过何种潜水，以及曾经有何种潜水经历等。一般来说，潜水员训练、观光地潜水以及船潜时，需要出示潜水日志。它帮助潜水员对自己的潜水经验和潜水能力，以及可参与哪个难度级别的潜水进行评估。

要养成每次潜完水就立即做日志的习惯，并要记录得翔实一些，并让潜伴过目、补充以及签名。

二、潜水与健康

潜水虽然需要放松，但是毕竟不是散步，它有一定的运动量，算是中度剧烈程度的运动，而且难免会遇到剧烈活动的情况。因此，潜水要求潜水员有充沛的体力和力量，并且确定身体是健康的。为此，下面对潜水员提出一些简单的建议。

1.日常健康的生活习惯与潜水

避免潜水前饮酒、吸烟或者服药。这些事情在水中对一个人判断力的影响要远远大于在陆地上。

酒精极易使人脱水，无论是潜水前还是潜水后都不要喝酒，否则会增大患减压病的概率。

如果在计划潜水时正在服用某种药物，请找开该处方的医师，咨询该药在水下对自己的影响。如果有任何疑问，请不要潜水，直到停止服用该药一段时间。

避免吸烟。吸烟会干扰一个人积极活动的生活形态。虽然烟民大都知道吸烟有害健康，但是他们依然在吸烟。如果你也是一个烟民，那么请在潜水前后的几个小时内禁烟。吸烟会严重影响呼吸系统正常工作，比如吸烟会在肺部造成气塞，这就有可能使该潜水员肺部过度扩张。

如果身体有任何的不舒服，请不要潜水，哪怕是感冒。更不要尝试用药物使自己感觉似乎好多了。这样做只会伤害身体，甚至导致发生意外。

保持良好的体能。应该定期（比如两年）做完整的身体检查，最好找一个懂得潜水知识的医师来做。注意疫苗的期限，比如破伤风和伤寒疫苗。要均衡饮食，规律作息，有适当的体能锻炼。虽然不是职业运动员，但保持一定的体能对于潜水员来说还是很重要的。

在潜水中保持健康也包括其他照顾自己的方法——掌握更多的潜水技巧和充分的潜水知识。最好的方法就是做一个活跃的潜水者——经常潜水可以帮助潜水员保持和提高技巧。参加新的潜水

知识加油站

血液是流动在人的血管和心脏中的一种红色不透明的黏稠液体。血液由血浆和血细胞组成，一升血浆中含有900~910克的水、65~85克的蛋白质和20克的低分子物质。低分子物质中有多种电解质和有机化合物，血细胞包括红细胞和白细胞和血小板三类细胞。红细胞平均寿命为120天，白细胞寿命为9~13天，血小板寿命为8~9天。一般情况下，每人每天都有40毫米的血细胞衰老死亡。同时，也有相应数量的细胞新生。血液的功能包含血细胞功能和血浆功能两部分，有运输、调节人体温度、防御、调节人体渗透压和酸碱平衡四个功能。

活动，例如潜水旅游或者特别的活动和课程。当潜水员在发展新的潜水技巧或者琢磨改进原有技巧的时候，会感到很有意思。如果条件允许，应当定期在游泳馆的水池中穿着蛙鞋游泳，这样既可以保持身体的协调性，还是一个不错的有氧运动，同时可以练习在本课程中学到的一些技巧。

如果一个潜水员已经好一阵子没有潜水了（每个潜水员都有可能遇到这种情况），不必担心，只需要重新回忆一下潜水技巧和知识就可以了。一般来说，看一下这本手册或者相关的视频资料就可以了，花费的时间在半天左右。

如果是女性潜水员，就有一些特别的事情需要注意了，包括月经和怀孕。月经在不妨碍其他生活的情况下，也不会影响潜水，可以放心地进行潜水。相比之下，怀孕就更需要受重视。因为潜水对于成长中的胎儿造成的影响对于绝大部分人来说是未知的，所以不要冒这个险。

身体健康是更好地享受潜水的基本条件，不仅仅是为了潜水，也是为了生命。请保持一个良好的生活习惯，这样自己的生理、心理都可以一直保持在健康的状态。

2.与潜水时呼吸有关的知识

我们应该了解在深水呼吸的特点以及自己应当做出的反应。下潜空气体积减小就意味着其密度增大，我们需要平衡气压，并做深呼吸。上升时空气体积会膨胀，我们要持续呼吸，不要憋气。

除了可以避免的直接危害外，还有些间接且轻微的危害，只要注意一下就可以避免。

（1）干净的空气

为了了解一些在深水处呼吸可能产生的间接危害，需要先了解空气。空气是由许多种气体组成的，而氮气和氧气又占空气成分的99%（氧气占21%，氮气占78%）。人呼吸主要依靠氧气，氮气则不被人体吸收。

水肺气瓶内的压缩气体，与我们平时呼吸的空气基本上是一样的。不同的是，气瓶内气体分子间距更小，且更为干燥（瓶内水分会损坏气瓶）。

第一个与在水下呼吸相关的问题是污染。该问题发生的概率很低。将空气填充到气瓶的时候，会经过特殊的过滤器来避免污染，比如一氧化碳和油气。虽然平时在陆地上呼吸一定量的一氧化碳和油气并不会对人体造成危害，但是随着压强的增大，每次在水下吸入的量也会相应增加。这样带来的危害也就大大增加了，很有可能超过人体的承受极限，从而对人体造成严重的损害。

污染的空气通常是由于压缩机或者滤嘴出现问题而进入气瓶的，可能产生异味，当然也可能无味。呼吸到污染空气的潜水员可能会感到头疼恶心、头晕眼花甚至失去知觉。这些潜水员的嘴唇和指甲可能变成樱桃红色，而在水下却很难辨认这个颜色。

对于呼吸道受污染空气影响的潜水员，要及时给予大量的新鲜空气，可能的话，让他呼吸纯氧。情况严重时，可能需要进行人工呼吸，并及时送到医院检查。

好在正如前面所述，这种情况发生的概率很低。到正规的、有信誉的地方

知识加油站

一氧化碳中毒：指吸入由含碳物质燃烧不完全时产生的一氧化碳，一氧化碳与血红蛋白结合后形成碳氧血红蛋白，使血红蛋白丧失携氧的能力和作用，造成组织窒息。常见症状为剧烈头痛、头晕、心悸。

充气大都可以避免，比如专业潜水中心。这些潜水中心了解吸入受污染空气的后果，因此会定期检查压缩机等设备，不会使用非专用呼吸的空气压缩系统给气瓶充气，比如工业用的喷砂系统空气压缩机或者汽车轮胎充气用的压缩机。

即使是正规场所充的空气，一旦发现空气的气味不对，也应立即停止使用。如果吸入该气体后觉得头晕或者不适，请立即停止潜水，将气瓶送去进行空气检验。

当然头晕或者不适的另一种原因是在船潜时吸入了船排出的废气。因此要远离废气，并坚持呼吸新鲜空气。

①氧气

每个人都需要氧气来维持生命，但是人们在一定压力下呼吸氧气也可能引起中毒。当气瓶中充入纯氧，并且潜水员下潜到6米以下的时候，他就有可能氧气中毒，因此一定不要充入纯氧。

即便是充入的是正常的空气，同样有氧气中毒的可能，但这个下潜深度已经不在休闲潜水的范围内了。只要保证不超过休闲潜水的水深极限就不会发生上述危险。

休闲潜水有时使用高氧空气，其中氧气的含量会超过21%。在一定深度下，使用高氧空气可维持更久的潜水时

知识加油站

氧中毒：指机体吸入高于一定压力的氧一定时间后，某些系统或器官的功能与结构发生病理性变化而表现的病症。常见症状为咳嗽、呼吸困难、面部肌肉抽搐、出汗、流涎、恶心、呕吐、眩晕、心悸和面色苍白等。

间。但是当使用高氧空气的时候，即便是在休闲潜水允许的范围内也有可能发生氧气中毒。而且，使用高氧空气要求潜水员接受特殊训练并配备特殊装备（可能引发装备氧化）。有信誉的潜水中心不会提供没有可靠保证的高氧空气。

因此，为了避免氧气中毒，不要在气瓶内充填高氧空气，除非受过专业的训练和鉴定。

②氮气

虽然，氮气在水面上并没有直接的影响，但是当潜水员在深水潜水时，情况就有所不同了。在水深接近30米的地方，氮气有明显的麻醉作用，并且随着水深的增加而加剧，我们称这种现象为氮醉。受到氮醉影响的潜水员，就好像一个喝醉酒的人。它会损害潜水员的判断力和协调能力，并可能产生自己很安全的错觉，做出一些无视自身安全以及很愚笨的动作。它还会使潜水员感到焦虑或者不舒服，导致恐慌和做出其他错误的决定。

氮醉对每个人的影响不同，对同一个人的影响也会随着时间的不同而不同。氮醉现象在上浮到较浅深度的过程中会逐渐消失，并不留后遗症。如果感觉到麻醉、不协调或者头晕，应该马上上浮到较浅的地方，来消除这种感觉。

知识加油站

道尔顿分压定律（Daltons Law of Partial Pressures）：在任何容器内的气体混合物中，如果各组分之间不发生化学反应，则每一种气体都会均匀分布在整个容器内，它所产生的压强和它单独占有整个容器时所产生的压强相同。

如果潜伴动作不太对劲，应立即协助他上浮到较浅的地方。

预防氮醉，只要避免深潜就可以了。氮醉本身并不危险或有害，危险的是它会损害潜水员在遇到紧急状况时的判断力和协调能力。

（2）减压病

在水下，由于压力的作用，更多的氮气会溶解到血液中，并随着血液循环溶解到其他的组织或者器官中。身体吸收的氮气量主要取决于下潜的深度和在水中停留的时长。

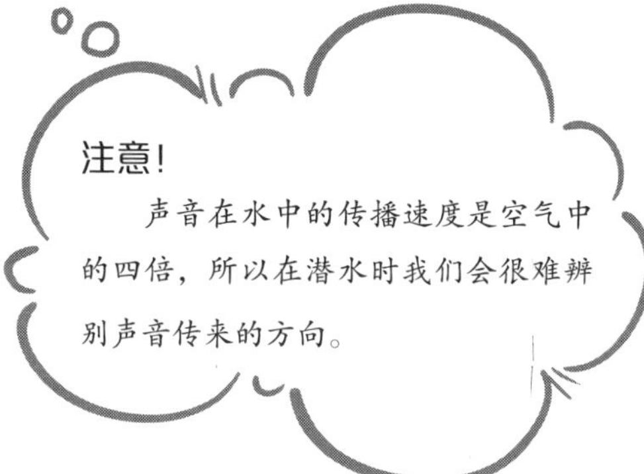

当上浮的时候，由于身体周围压力减小，原本溶解在体内的氮气就会从血液、组织或者器官中解析出来，因为身体不需要氮气，所以之前溶解的氮气都会析出，并通过肺部气体交换排出体外。只要体内的氮气量在合理的范围内，就可以顺利排出体外。使用潜水计划表和潜水电脑表可以知道应该在某水深处停留的最长时间，而表中给出的最大时间的数值是根据身体在理论上能吸收和排出的氮气量而定的。

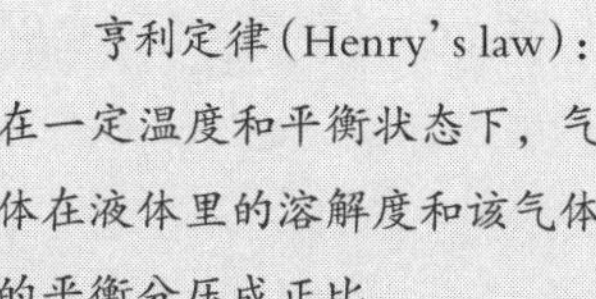

亨利定律（Henry’s law）：在一定温度和平衡状态下，气体在液体里的溶解度和该气体的平衡分压成正比。

然而，假如你在水下停留的时间超过安全极限，身体会吸收太多的氮气，以致超出溶解极限，在血液、组织或器官中形成气泡。又或是由于减压过快，而肺部气体交换排出氮气的速度有限，以致在上浮到水面的减压过程中，析出的氮气不能尽数排出，多余的氮气在体内形成气泡。过大的气泡不但会阻碍血液流动，还会形成剧痛，挤压组织或器官，造成严重损伤。我们称这种严重的医疗情况为潜水减压病。

潜水时长和潜水深度是与减压病相关的主要因素，还有其他因素影响氮气的溶解和析出。以下是产生减压病的次要因素：疲劳、脱水、剧烈运动（潜水前、中、后）、寒冷、高龄、生病、受伤、潜水前后饮酒，或是潜水后飞行等。

一定要在潜水极限内潜水，当有以上因素产生作用的可能时，一定要小心。为了预防减压病的发生，要养成在保守时长内潜水的习惯，这个时长要介于实际潜水时长和潜水计划表或潜水电脑表所容许的极限之间。

①减压病的症状

因为气泡会在身体不同部位形成，所以减压病的症状也不同。

可能的症状有：休克、无力、头晕、麻痹、刺痛、呼吸困难，以及不同程度的关节、四肢疼痛，最严重的情况是失去知觉，甚至死亡。

当然也有轻微的症状。比如从轻微到中度的疼痛（一般会发生在关节处，其他部位也有可能），刺痛或麻痹（一般会发生在四肢，其他部位也有可

知识加油站

潜水时，伴随下潜深度增加，气瓶内的压力增强，人体在水中承受的外界压力增强，人体组织溶解的气体也会增加，例如占空气78%的氮，不能被人体使用，却任然溶解在人体中，所以在潜水上升过程中要注意减慢速度，释放体内气体。

能）。减压病可能会造成虚弱和长时间的疲倦。有时候可能多种症状同时发生，也有可能是单一症状，而随之而来的是头晕眼花的感觉。

减压病的症状通常在潜水后15分钟到12小时之间出现，但是也可能间歇更长的时间才出现。大部分的症状会慢慢出现，而且持续不断，但也有可能间歇性地出现。无论什么时候出现，以往的病例都告诉我们减压病是很严重的。

②急救和治疗

肺部过度扩张造成的伤害和减压病，会有和减压病很类似的症状。

如果潜水员有减压病的症状，或不确定是何病症时，应该停止潜水，寻求医师协助和请教潜水医生。

减压病的急救包括：使患者平躺并提供纯氧呼吸，联络当地紧急医疗机构，以及当地潜水员紧急服务中心（如果可以，应带他到最近的高压舱所在地）。

观察有减压病症状的潜水员，必要时，做好预防或处理他休克的准备。对停止呼吸的潜水员，需要做人工呼吸。如果没有脉搏，就需要做心肺复苏术。对于昏迷但有呼吸的潜水员，应该让他身体左侧卧，并供应纯氧呼吸。观察潜水员，如果他恢复意识，能够正常呼吸，并觉得左侧卧不舒服的话，可以让他俯卧。

虽然减压病是一种很严重的医疗情况，但只要立即给予得当的治疗，潜水员很少会因此而丧命。

几乎所有减压病的病人都需要到高压舱治疗。在高压舱内，潜水员周围的气压增大，体内的压力也会增大。这样可以帮助身体吸收组织内的气泡。这个过程一般需要数小时，使用纯氧，并结合常用药物治疗。被怀疑患有减压病的潜水员不可以重返水底。有人尝试利用水压治疗，但这通常造成更严重的情况和更悲惨的结果，还会耽误治疗时机。

减压病是可以通过遵守正确的潜水计划表和潜水电脑表所建立的安全时长以及深度极限来避免。肺部过度扩张造成的伤害也很严重，也很痛苦并且有生命危险，但可以借持续呼吸和避免憋气来预防。预防减压病格外重要的一点是，在潜水过程中要缓慢而安全地上浮，上浮到离水面5米处要做一次安全停留。

3.潜水计划表和潜水电脑表

在潜水过程中，身体会吸收氮气，潜水后身体可以容忍一定程度的多余氮气而不导致减压病。但是很少有人知道自己的这个极限，并在这个极限范围内潜水。

对于个人潜水时长和深度以及身体溶解氮气的能力，已经有很多科学家做过理论研究，并且总结了一些公式。为了方便使用，我们把这些公式植入潜水计划表和潜水电脑表中了。潜水员需要依靠它们来确定自己在某个深度内的最长停留时间。

但是理论公式不可能把个人的身体差异完备考虑，因此在潜水计划表或潜水电脑表的预测极限内潜水，才是比较可靠的做法。特别是当潜水员身上有潜在的引发减压病的因素（激烈运动、寒冷、高龄等）时更要注意。在极限范围内潜水的同时，最好再采取一些额外的预防措施，来降低次要因素引发减压病的可能。

因为人们个人的体质存在差异，没有哪个潜水计划表或者潜水电脑表能保证减压病绝对不会发生，所以，在做潜水计划的时候或多或少地留一些安全裕度是个不错的建议。

（1）免减压（免停留）潜水

身为一位休闲潜水员，要学习的是免减压潜水。免减压潜水的意思就是：要有计划地潜水，在潜水过程中始终能够直接上浮到水面，中途无须做任何停留，并且没有任何患减压病的重大风险。更确切地说，这也叫作免停留潜水，因为潜水员在上浮过程中不需要做任何停留（但实际情况下会有所停留）。

身为一名休闲潜水员，每次潜水一定要计划为免减压潜水。

除了休闲潜水之外，还有别的潜水形式：军事潜水、商业潜水、研究和科技潜水，这些通常涉及减压潜水。减压潜水指的是：潜水员在潜水途中，身体吸收了太多的氮气（或其他的气体），以至于如果直接上浮到水面就会有患减压病的危险。因此，潜水员必须在上浮途中做好几次停留，且停留时间一次比一次久，以给身体充足的时间释放出溶解的氮气。减压潜水通常需要使用混合呼吸气体和大量的水面支援，即使顺利完成潜水，潜水员患减压病和其他潜水疾病的概率也比休闲潜水员大。虽然这类潜水在本书内容以外，但是仍然需要提到紧急减压停留的程序，这样在遇到意外时不至于不知所措。

（2）潜水计划表

简单介绍一下潜水计划表的基本用法。从1907年一直到1980年，潜水计划表都是用来计划潜水的主要工具。虽然后来有了现代的潜水电脑表，但潜水计划表还是有着它的地位，因为它可以帮助潜水员了解潜水电脑表的运作原理，并作为潜水电脑表的备用品（当然潜水电脑表已经非常可靠）。

直到1988年，休闲潜水员用的潜水计划表才算真正从商业和军事潜水中分离出来。虽然商用和军用的潜水计划表对休闲潜水来说是够了，但是它们是针对减压潜水设计的，对应的体内理论氮气量较大，并不能广泛地适用于休闲潜水的人群。所以商用和军用潜水计划表虽然可以用，但是效果并不理想。1988年，潜水科技（DSAT）推出了休闲潜水计划表（RDP），这是第一款专为免减压潜水设计的潜水计划表。这也是第一个，而且到目前也是唯一的根据自愿参加测试的休闲潜水员的成绩制作的潜水计划表，它适合各式各样的人群。经过PADI的推广，休闲潜水计划表迅速成为全球通行的潜水计划表。许多受欢迎的电脑表的电子减压公式中，也采用了休闲潜水计划的测试资料。

休闲潜水计划表有列表式（传统的）和旋转式（转盘式）

两种，单位系统分为公制版和英制版。为了习惯用传统式潜水计划表的潜水员，潜水科技发展出列表式的版本。为了简化使用，以及不需要潜水电脑表就能够进行多层深度潜水，潜水科技发展出转盘式的版本。2005年推出的eRDP是一种电子式的潜水计划表，它提供的信息与传统RDP一样，并且许多人认为计算机模式的eRDP比传统的计划表更容易上手。

（3）潜水电脑表

潜水电脑表的作用和潜水计划表相同，都是根据一套减压模式来计算理论上溶解在身体内的氮气量。潜水电脑表的效果和潜水计划表不相上下，只不过它是利用电子仪表的方式实现的，得出了确切的潜水深度和时间，根据潜水深度，随时告诉潜水员还剩下多少潜水时间。潜水电脑表的功能很多，现在很少有人潜水时不使用潜水电脑表。使用潜水电脑表的优点有：

①使用起来比传统的潜水计划表方便，因为潜水电脑表会自动记录潜水深度和时间，减少人为失误。

②在从事多层深度潜水时，使用潜水电脑表会得到更多的免停留时间。在上升时，身体吸收氮气的速度比较慢，潜水电脑表会因此增加可用的免减压时间，给潜水员更多的潜水时间。而传统的潜水计划表则必须假设整个潜水过程都在最深的地方，因此免停留时间就短多了。使用潜水电脑表可大幅增加潜水时间，这是潜水员喜欢使用它的主要原因之一。（注意：使用转盘式计划表也会增加多层深度潜水免停留时间，是潜水电脑表的绝佳备用品。不过潜水电脑表所给的潜水时间，还是比转盘式计划表给得多。）

③潜水电脑表可跟踪整个潜水过程的理论氮气量。如果是休闲潜水计划表，每次潜水都要根据上一次的潜水深度、时间以及水面休息时间，来计算下一次潜水的可用免停留时间。使用RDP并不困难，但使用潜水电脑表要方便多了。

虽然大部分情况下我们使用的都是电脑表潜水，但还是要了解如何使用RDP。知道自己的潜水电脑表如何使用，以及熟悉RDP的操作，会让自己更懂得计划和监控潜水活动。

（4）重复潜水

潜水计划表和潜水电脑表会告诉你的免减压极限（NDL：在一定深度，容许的最大免减压时间）。免减压极限根据潜水时身体所吸收的理论氮气量而定，同时也会把前几次潜水的氮气吸收量计算在内。

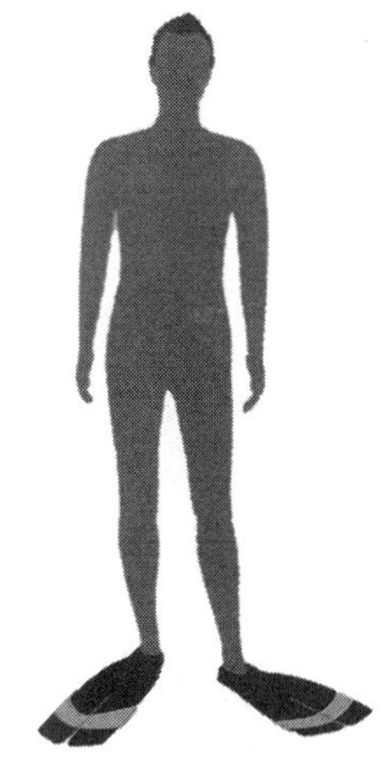

潜水前体内的氮气量

这是因为上升到水面后，身体需要数小时甚至超过一天时间才能把氮气从体内完全排出。潜水后残余在体内的氮气量称为残氮量。在身体尚未排除前一次全部的残氮量前，又进行另一次潜水，我们称为重复潜水。

在第一次潜水之前，体内有正常的氮气量。进行一段时间的潜水后回到水面时，氮气量会比潜水前高，但是仍处于潜水计划表或电脑表所设计的安全限度内。在水面停留一段时间后，你的身体已经排除了部分残余量，但并非全部。你也可以看见，体内的氮气量仍比潜水前接近最大极限，所以重复潜水的免减压极限会比较短。重复潜水后，体内的氮气量仍在可接受的极限内，但是体内的氮气量已经增加，包括这次潜水增加的氮气量。RDP和/或潜水电脑表，帮你决定第一次潜水和重复潜水可接受的时间和深度极限，计算体内氮气量理论上的变化。

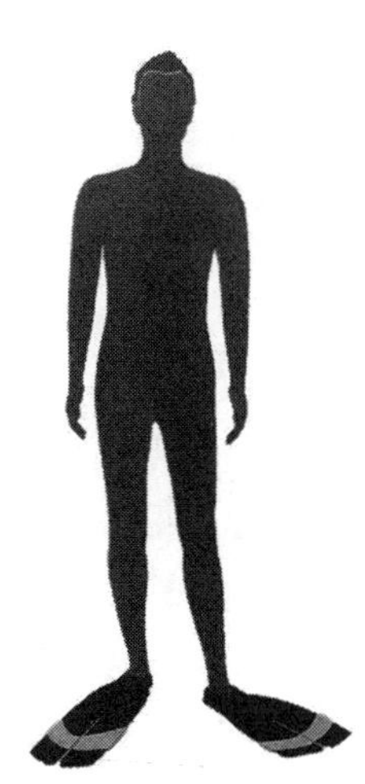

潜水后体内的氮气量增加

潜水前，等待多久才不算是重复潜水，这要根据潜水电脑表或潜水计划表而定。潜水电脑表会跟踪不同时间的理论氮气量，但是知道时间多久并不重要，因为它会自动计算。

使用潜水计划表时，如果计划至少6小时内不再潜水，则残氮量对潜水员没有影响。但如果计划6小时以内再次潜水，则在做潜水计划时必须将残氮量计算在内。这也是使用潜水计划表时需要学习的。

（5）使用休闲潜水计划表的一般规则

使用任何一种休闲潜水计划表时都应该遵守以下规则：

①潜水时间以分钟计算，包括从下潜那一刻开始，直到最

后上浮到水面，或做安全停留为止的全部时间。（注意：为了方便，很多潜水员以从他们离开水面到回到水面所经过的时间为潜水时间。这比真正潜水时间的定义要保守，并且也是可行的。）

②任何计划到10米深以内的地方潜水，都应该以潜到10米来计算。

③所有潜水的深度，都应使用表上所列出的正确深度，或是下一个更大的深度来计算。

④所有潜水的时间，都应使用表上所列出的正确时间，或是下一个更长的时间来计算。

⑤所有潜水过程中的上浮都应该缓慢，每分钟速度不要超过18米（也就是0.3米/秒）。再慢一点也很好。

⑥一定要保守一点，避免达到表上所提供的最大极限。

⑦当计划在寒冷的水中潜水，或是在可能存在剧烈活动的环境下潜水时，计划的潜水深度要假设成比实际潜水深度深4米。

⑧计划重复潜水时，下潜的深度应该由深渐浅。潜水医学界建议，应该避免在一次潜水后做更大深度的潜水，因为这类“反向”的潜水更容易导致患潜水疾病。

⑨所有潜水深度都限制在30米以内。

⑩最大深度要限制在自己的训练和经验范围内。初次尝试水肺潜水的人员，其深度极限是12米。在开放水域，潜水员要将自己的潜水深度极限确定为18米。受过较多训练、较有经验的潜水员，通常将他们的最大深度限制在30米以内。具备足够深潜经验或接受过针对性训练的潜水员，可以下潜到40米深。将所有的潜水计划设计为免减压潜水，而且在任何一次潜水中，都不应该超出休闲水肺潜水的最大深度极限，也就是40米。减压潜水在休闲潜水范围以外，而且休闲潜水计划表也并非为减压潜水设计。

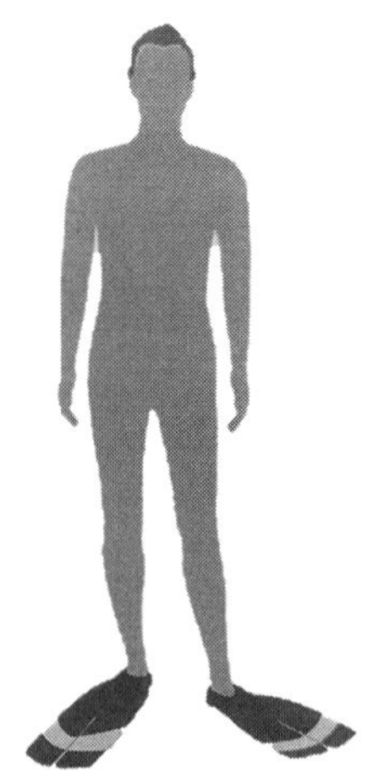

在水面休息后体内
氮气量减少

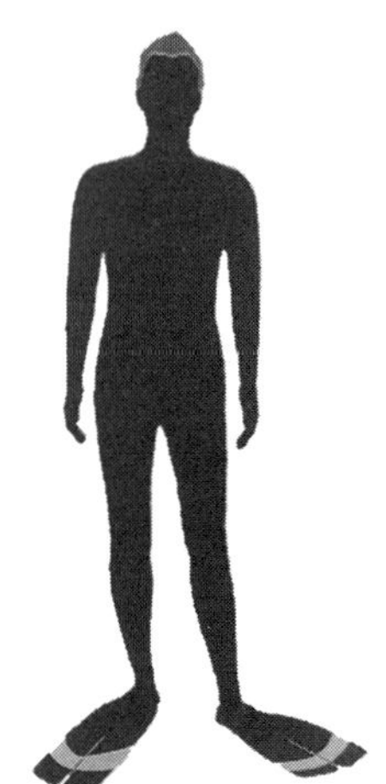

重复潜水后体内
氮气量再次增加

⑪潜水绝对不要超过休闲潜水计划表的最大极限，无论何时，要尽量避免下潜到表上的深度极限。休闲潜水计划表上所列出的42米仅限于紧急用途，一般情况下请远离这个深度。

三、潜水安全守则摘要

以下是本课程将要提到的潜水安全守则，定期复习这些摘要，并在潜水时牢记在心。

1.安全潜水所需要的常规准备

（1）保持身体健康。适当饮食，做有规律的运动，保证充足的睡眠。

（2）到医生那里去做一个彻底的健康检查，得到医生的同意后，才能潜水。并且，至少每两年做一次检查。

（3）应该接受有效的急救和心肺复苏术训练。

（4）为了保持潜水技巧，请尽量参加潜水活动和潜水员进阶课程。

（5）对于新的潜水情况、活动或地域，要先获得相关信息。请记住，某些潜水活动需要经过特殊的训练后才可以参加。

（6）要配备并且能够使用当地潜水情况下需要的一切装备。

（7）每年定期对水肺装备进行检查和保养，或是依照厂商说明做保养。水肺气瓶每年做目视检查，并且根据政府规定，每隔数年做一次水压测试。将装备保持在良好状态，并且在每次潜水前都要先做检查。

（8）填充气瓶应到专业潜水中心，并且只能填充干燥、纯净的压缩空气。

2.潜水前

（1）只有在心理和生理状况都很健康时才能潜水。应该对潜水充满信心。要确定潜水及其活动在自己的能力范围内进行。请记住——潜水应该是充满乐趣的。如果认为它不安全或者不好玩儿，那么请不要参加该次潜水。

（2）对潜水地点要有所了解。应该熟悉该地区的情况，并查看任何可能存在的危险。

（3）潜水前请先收听天气预报。要评估潜水条件，当时或者预期的环境变化都要了解。而且，只能在和自己训练时一样或者更好的条件下潜水。情况不理想时要避免潜水。

（4）潜水前或是潜水后要避免喝酒、吸烟或者服用对潜水有危害性的药物。

（5）与潜伴一同计划潜水活动。先定下共同目标、方向、深度和时间的极限。复习水下通信的方法、紧急程序和意外分散时的对策。

（6）只计划进行免减压潜水。参考休闲潜水计划表，避免潜水到最大的时长极限。安排最深的一次潜水作为一天中的第一次潜水。应当知道如何进行紧急减压停留，但是能避免的话更好。只

知识加油站

热衰竭：指在高温环境中劳动时出现的血液循环机能衰竭。严重者会中暑。常见症状为血压下降、脉搏呼吸加快、大量出汗、皮肤变凉、血浆和细胞间液减少、晕眩、虚脱等。

要有可能，就应计划做安全停留。小心潜水后飞行，以及在海拔高于300米的地方潜水后的影响。

（7）检查自己和潜伴的装备，并且要知道如何操作彼此的装备。要实施下水前的安全检查：浮力调整装置、配重带、快卸扣、空气供应等，最后向对方示意OK。

（8）准备好随时应对紧急情况。将当地的紧急联络资料或电话随身携带，以防万一。

知识加油站

中暑：指在温度或湿度较高、不透风的环境下，因体温调节中枢功能障碍或汗腺功能衰竭，以及水、电解质丢失过多，发生的以中枢神经和（或）心血管功能障碍为主要表现的急性疾病。常见症状为高热、大汉或无汗、口渴、恶心呕吐、抽搐等。

3.潜水时

（1）适当地调整自己的配重，以达到中性浮力。在水面检查浮力，避免配重过大。如果是背着满气的气瓶检查浮力，则要增加足够的重力来抵消所用空气的浮力（一般单个充满气的气瓶内，所含气体的质量大约是2.5千克）。

（2）始终穿着合身的浮力调整装置。利用浮力调整装置来调整浮力。为了保护自己和水底的环境，请建立中性浮力，以避免接触水底。在水面时，充气到浮力调整装置内，以建立足够的正浮力。

（3）悬挂正确的当地潜水旗，并且要保持在其范围内活动。

（4）开始潜水时，要考虑到这次潜水中水流的影像，先逆流而游。潜水前做好计划，避免出现需要对抗水流游动才能游到出水点的情况。

（5）在下潜的过程中，要尽早并且经常平衡压力。如果觉得体内空腔不舒服，上浮至不舒服消失为止，待平衡好，再继续下潜。万一无法平衡，应该取消本次潜水。

（6）在每次潜水过程中，保持与潜伴在一起。万一分散了，也要知道如何与彼此会合。

（7）将潜水深度限制在18米以内。记住，18米是给潜水新手设定的深度极限。较浅的潜水可以节省空气，增加潜水时间，降低患减压病的风险。

（8）鱼枪是危险的武器。不在水中时，不要把枪上膛，离水前一定要把枪退膛。并且要随时当它们已经上了膛——绝对不要把枪口对准任何人。

（9）避免接触水中不熟悉的动物或者植物。

（10）对于可能发生的问题要提高警觉，并避免发生。在水底时，要经常查看装备，特别是仪表：深度表、计时装置、压力表、指北针和潜水电脑表。

（11）出水时，气瓶中至少要有

低体温症：指因人体产热少，体温调节功能差，在寒冷环境中皮肤丢失的热量多，不能使体温保持在一定的水平上。当体温下降到35℃以下时，就会产生“低体温症”。常见症状为意识障碍、颈项强直、血压下降等。

20~40 bar的空气。如果潜水计划和环境允许，应该保留更多的空气。

（12）调整自己的步伐。避免费力过度和气喘。如果气喘不过来，马上停下来，休息一下，待恢复正常呼吸后再继续行动。

（13）正确呼吸——要慢，要深，而且连续不断。水肺潜水时绝对不要憋气。调节器二级头不在口中时，要慢慢地持续吐气并发出“啊”的声音。浮潜（憋气）时要小心，避免超量过度换气。

（14）发生紧急情况时，先停下来，冷静思考，控制当时情况，然后采取适当行动。要按照所受的训练采取行动，不要凭直觉反应。

（15）小心而正确地上浮。上浮时，手向上伸，同时眼睛要朝上看。上浮的速度每分钟不可以超过18米。如果可能的话，应计划在5米深处做3分钟的安全停留。上浮过程中要留意，听听看是否有船只靠近，到达水面后马上建立正浮力。记住，要做一个安全的潜水员（每次潜水都要缓慢上浮）。

（16）当感到寒冷或疲倦时，应停止潜水。不要使自己用力过度。

（17）在水底时要谨守潜水计划。不要随意更改潜水计划。

（18）远离上面封闭的潜水环境（如洞穴潜水），除非受过有关在上面封闭环境下潜水的正确训练和使用适当的装备。

4.一般潜水安全守则

（1）做一个活跃的潜水员。经常参加潜水活动，以保持并提高技巧和熟练度。

（2）在安全的环境下，渐渐地累积自己的潜水经验，培养自己的能力。

（3）记录所有的潜水经历。自己的训练和经验记录是以后潜水活动的重要参考资料。

（4）不要把装备借给未受过训练的人，也绝对不要尝试教导别人如何潜水。教授潜水需要经过高度的特殊训练，并具备相应技巧。请让受过训练的、有资质的专业人员来执行教学工作。

（5）继续自己的潜水课程。记住，优秀的潜水员永远不会停止学习。

课后题

1. 请通过学习，计划一次海岸潜水并选择适合的潜水装备。
2. 简述潜水日志的必要性。
3. 常见的潜水减压病是如何引起的？若发生，应该如何急救？
4. 怎样预防减压病的发生？